W0094074

Wenn der Bambus blüht…

Georg Felsberg

Mit Fotos des Autors

Verlag Die Qualitaner

Inhalt

Wenn der Bambus blüht …

… kommen die Ratten, sagt der, der es wissen muss, ein stoppelhaariger junger Mann, der mit zusammengekniffenen Fußzehen ein totes Tier in seine Karre wirft. Er meint, es mache ihn weniger krank, wenn er das Vieh mit dem rechten Fuß greife und nicht mit der rechten Hand, mit der er ja essen müsse. „Jede tote Ratte bringt mir zwei Rupien. Staatsknete", erzählt er. „Aber ich muss die Schwänze abhacken, denn die Beamten in Mizoram zählen und bezahlen nur gebündelte Schwänzchen." Der schwanzlose Rattenrest wird von ihm entsorgt. „Wenn du wissen willst, wohin, geh dem Geruch nach." Sein Rattenrevier liegt am Chaltlang Hill auf tausend Meter Höhe zwischen steilen Bergen und tiefen Schluchten, in die jeder seinen Abfall wirft. Das ist zwar verboten, aber „wohin denn sonst". Er ist ein lustiger Mann, der Rattenfänger in Aizawl, der Hauptstadt des Bundesstaates Mizoram im indischen Nordosten, mit dem mich der Wirt meiner Unterkunft am Hang bekannt gemacht hat. „Der ist einer", meint er, „für die Fremden, die ja alle neugierig sind und etwas erleben möchten." Sonst blieben sie doch zu Hause.

„Ich wäre längst arbeitslos", meint der Rattenfänger und lacht, „wenn sich die Viecher nicht so toll vermehrten. Sobald der Bambus blüht, fressen die alle Felder kahl. Der Bambus blüht in Mizoram zwar nur alle 48 Jahre, aber für mich gibt es auch in der Zwischenzeit genug zu tun." Die letzte Bambusblüte gab es 2008. Angelockt wurden Millionen Ratten von den großen, birnenförmigen Früchten der immergrünen Bambusart, die Stärke und Protein enthalten. In Mizoram wird dieser Bambus „Muli" genannt oder auch „Mautak", das heißt „Hungersnot". Das gespaltene Holz der Halme wird zum Bau von Hütten verwendet, für Matten, zum Kochen und Heizen. Alles wäre gut, wenn nicht plötzlich die Ratten kämen, alle Früchte schon an den Halmen fräßen und sich massenhaft vermehrten. Ein Rattenweibchen kann, sagt er, wenn es genug zu fressen hat, im Jahr bis zu 15 000 Nachkommen haben.

Glaube ich ihm das? Ein Rattenweibchen ist in der fünften Woche ihres Lebens geschlechtsreif, ist alle vier Tage hitzig und immer für mindestens fünf Stunden. Sie trägt etwa 22 Tage bis zum Wurf mit bis zu 14 Rattenbabys. Ich habe ihm das nicht geglaubt. Inzwischen habe ich nachgelesen. Die letzte Blühperiode hat Hungersnot und Krankheiten nach Aizawl gebracht: Cholera, Malaria und Typhus. Der Rattenfänger will nicht wahrhaben, welche Gefahr auch für ihn von den Tieren ausgeht. Die Ratten ernähren ihn. „Militär, das gegen das Viehzeug vom indischen Staat eingesetzt worden ist, hat kläglich versagt. Du kannst keine Ratte totschießen, wenn du Ratten nicht kennst", sagt er und lacht wieder. „Auch stehen sie vor keinem General stramm. Die sind schlau. Die verstecken sich. Die greifen dich plötzlich an, wenn du nicht aufpasst. Die lassen sich nicht verjagen.

Aber wenn du sie getötet hast, dann kannst du dich rächen, dann kannst du sie essen. Dann musst du sie essen, weil du sonst krepierst, weil es sonst nichts mehr zu essen gibt. Geräucherte Ratte, ‚Sazu Rep‘ aus den Wäldern, das musst du probieren. Es schmeckt wie magerer Hund. Mit viel Gemüse, Chili und Ingwer, ich sage dir, das wirst du nie vergessen. Oder Ratte mit Purunzung, das ist so etwas wie Knoblauch, das hier wächst. Köstlich.“

Der Rattenfänger will mir nicht zeigen, wie er die Ratten tötet. „Die sterben vor Angst“, meint er, die haben schwache Herzen, wie die Schweine. Er hat einen Stock in seiner Karre. Der ist blutig. Ich denke, er erschlägt sie.

Mein Rattenfänger ist so etwas wie ein Fremdenführer in Aizawl, wie einer, der auf den Spuren von Jack the Ripper in London für Touristen auf Gruseltour geht. Aber sein Stock glänzt blutig feucht. Und die 20 toten Tiere im Karren sind nicht ausgestopft und rot angemalt.

Nachts erzählt mir der Wirt, der mich ins Herz geschlossen hat, dass Sami, der Rattenfänger, nur sagt, was wahr ist, vielleicht etwas ausschmückt mit blumiger oder auch ein wenig feuriger Fantasie, aber wahr sei es immer. „Aber“, schränkt er ein, „hier in Mizoram liegt das, was wahr ist und das, was wahr sein könnte, dicht beieinander.“ In etwa 40 Jahren könne ich ja prüfen, meint er und sieht mich an, als wolle er mein Alter schätzen, ob die Geschichte von der Invasion der Ratten bei der nächsten Bambusblüte stimmt.

Stufen

Als mich die Rikscha spät am Abend in der Innenstadt von Jodhpur vor meinem Hotel absetzt, sehe ich beim Aussteigen in einen tiefen steinernen Krater. Springt mir etwas vor die Augen, was es eigentlich nicht gibt? Ist mir schwindelig nach der langen Reise? Völlig irritiert bleibe ich stehen und vergesse, den Fahrer zu bezahlen. Der wartet neben mir. Wir sehen gemeinsam in den Abgrund. Wie sich die Stufen im Inneren des Kraters zueinanderwenden, auseinanderlaufen, sich zu Gruppen vereinen und wieder auseinanderstreben, um endlich die grünliche Wasseroberfläche in der Tiefe zu berühren. Das ist, als stünden wir am oberen Rand eines menschenleeren Amphitheaters. Vor der Aufführung einer Tragödie. Starke Scheinwerfer lassen die Stufen scharf geschnittene Schatten werfen. Das verwirrt mich. Fetzige Musik dröhnt aus dem „Café am Step Well" herüber. Dort wird von Jugendlichen ein Fest mit bengalischem Feuer gefeiert.

Der Fahrer meiner Rikscha hat mich in den letzten Minuten immer wieder von der Seite angesehen. Er lächelt. Auf dieses einzigartige Monument ist hier jeder stolz: auf den Stufenbrunnen von Jodhpur.

Später stehe ich im kleinen Erker meines Zimmers und sehe wieder gebannt in den Brunnentrichter hinunter. Das

Zimmerlicht habe ich ausgeschaltet. So sieht mich niemand. Mit den Augen folge ich dem Weg, den in früheren Zeiten die Träger über die Stufen hinabstiegen und schwer beladen mit Eimern voller Wasser wieder heraufklettern mussten.

In den Stunden bis Mitternacht kommen immer wieder Spaziergänger hierher: Einheimische und ein paar Touristen. Sie bleiben stehen und blicken auf die vielen Stufen, die an den vier Seiten des Brunnens hinabführen. Mancher versucht hinunterzusteigen. Das ist mühsam. Der Wasserspiegel liegt 20 Meter tiefer als der obere Rand.

Das Quadrat mit den Stufen im Inneren ist eine Zisterne, in der Regenwasser gesammelt wurde, welches in Zeiten der Trockenheit die Bewohner der Stadt überleben ließ. War sie nach dem Monsunregen gefüllt, bedurfte es nur weniger Schritte bis zum Wasserspiegel. In der Hitze des Sommers aber war es ein langer gefährlicher Abstieg in die Tiefe. Ein riesiges Bassin, das sicher gut geschützt wurde vor Verunreinigungen durch Tiere oder Tierkadaver, denn Wasser war kostbar. Manche Stufenbrunnen in Rajasthan und Gujarat, die ich gesehen habe, berühren den Grundwasserspiegel. Dort unten setzt sich Schlamm fest, der immer wieder entfernt werden muss. Das ist Arbeit für Frauen. Ich sehe sie, vor meinem inneren Auge, mit Körben voller Schlamm mühsam die Stufen heraufwanken. Solche Bilder überfallen mich manchmal, so auch wenn ich die weiten leeren Höfe der Paläste von Jodhpur sehe, die früher von ein paar Tausend Soldaten in bunten Uniformen bewacht wurden, und wo unter den Arkaden Diener eilig vorüberhuschten, die zum Heer der

3 000 Angestellten gehörten. Welch ein Prunk wurde dort oben zelebriert und welch schwere Last mussten hier unten die Wasserschlepper tragen. Sie trugen nur ein Tuch über dem Kopf gegen die gleißende Sonne, die Hosentücher hochgebunden, um besser steigen zu können, und die Hemden waren auf den Schultern eingerissen und von den Tragstangen verfärbt. Je länger ich hinunterstarre, glaube ich mehr und mehr, dass dieser Stufenbrunnen in Jodhpur auch eine religiöse Bedeutung gehabt haben muss. Ich weiß das nicht und muss es jetzt nicht wissen. Ich bin unendlich müde. Es war ein langer Reisetag. Noch dröhnt die Musik herüber. Die Scheinwerfer werfen grelle Streifen an meine Zimmerdecke. Besucher sehe ich nicht mehr dort unten am Brunnen. Jetzt endlich habe ich den letzten Blick für mich allein.

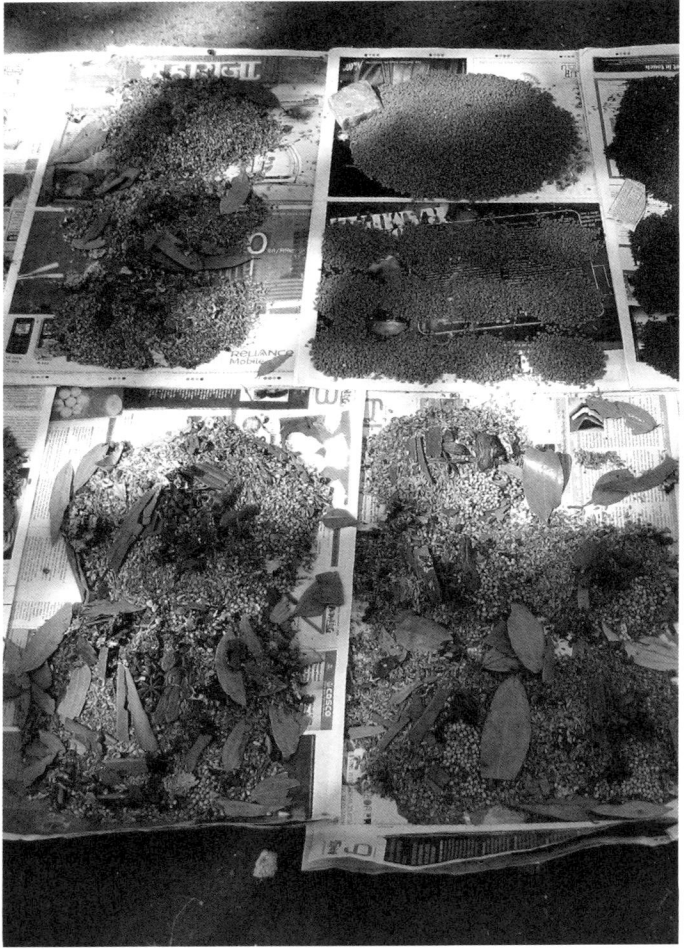

Das Gewürz des Lebens

Ein magerer, sehr lebhafter alter Mann im abgetragenen weißlichen Kurta, einem langen indischen Hemd, spricht mich wie nebenbei von der Seite an. Er begleitet mich wie selbstverständlich über den Sadar-Markt am Uhrturm von Jodhpur. Wir drängeln uns zwischen den Ständen fliegender Händler mit billiger Kleidung hindurch. Vorbei an Männern, die ihre Waren lauthals anpreisen, und Frauen mit Gemüse-karren: Kartoffeln, Gurken und frisch mit einem feuchten Lappen polierte Mandarinen.

„Gestern hast du mich etwas gefragt", meint mein Beglei-ter. „Willst du heute wieder etwas wissen? Gestern habe ich dir den Weg zum ‚Step Well' gezeigt, dem Stufenbrunnen. Du hast den Weg doch gefunden? Das freut mich sehr." Wenn ich heute wieder fragen wolle, meint er und lächelt mir zu, dann könne ich sicher sein, dass ich auch heute den Weg leicht fin-den könne. Er sei ein ausgezeichneter Wegebeschreiber. Das könne natürlich jeder von sich behaupten, aber bei ihm sei das die reine lautere Wahrheit. Er habe in seinem langen Le-ben auch Leute getroffen, die den Weg trotz seiner guten Be-schreibung nicht gefunden hätten. Das tue ihm sehr leid, es läge aber nicht an ihm, sondern an der Dummheit der Leute, die immer mit dem Kopf nickten, aber nie genau zuhörten.

Bei mir sei das anders, ich sei klug und höre zu. Ich hätte den Weg ja gefunden. Ich hätte den Weg vielleicht auch ohne ihn gefunden, so klug sei ich. Damit meine Klugheit so bliebe, auch im Alter, möge ich doch jetzt mit ihm zu seiner kleinen Gewürzhandlung kommen, gleich dort hinten in der ersten Gasse. Manche Gewürze hülfen, seine Klugheit zu bewahren. Kluge Leute glaubten ihm das, bei Dummen hülfe es nichts. Da sei einfach nichts zu machen, so dumm seien die. Weil ich aber sehr klug sei, solle ich mir täglich eine Prise seiner Mixtur in meinen Tee streuen. Das nütze viel und koste wenig. Als ich sein freundliches Angebot höflich ablehne, lacht er und meint, ich sei ja noch viel klüger, als er gedacht habe. Nur besonders kluge Leute wüssten, dass Gewürze gegen Dummheit nicht helfen. Ich solle aber trotzdem mit ihm kommen, eine Tasse Tee bei ihm trinken und seine Gewürze riechen, die sich auf der Zunge und im Inneren meines Leibes wunderbar anfühlen würden. Als ich ihm freundlich sage, dass ich keine Gewürze kaufen möchte, ihn aber für seine hübschen kleinen philosophischen Überlegungen über die Klugheit und die Dummheit bewundere, meint er, das sei keine Philosophie, das sei etwas viel Wichtigeres. Ein kleines heiteres Gespräch mit einem neuen Freund unter dem Uhrturm in Jodhpur gegen Mittag, wenn die Sonne scheint, das sei doch „das Gewürz des Lebens". Er, als Händler für tausenderlei wunderbare Zungenschmeichler und für die kostbarsten Düfte aus aller Welt, er kenne sich aus.

Vor Glück

Da hat mich so eine Motorrikscha angefahren. Mitten auf dem Platz vor dem Jain-Tempel in Jodhpur. Von hinten. Auf meine Ferse. Ich schreie auf und brülle den Fahrer an. Er ist noch ein Kind, keine zehn Jahre alt, und sicher nicht geübt, mit so einer schweren Dreiradkarre zu fahren.

Der Junge ist sehr betroffen. „Ich wollte das nicht", sagt er und schluchzt. Natürlich wollte er das nicht. Ich setze mich auf ein Mauerstück und ziehe meinen Schuh aus. Es tut weh, aber es ist nicht so schlimm, wie ich befürchtet hatte. Viele Kinder aus der Nachbarschaft kommen, um mich zu trösten. Ein Mädchen kniet sich neben mich und streichelt mir vorsichtig über die Wade. Ein anderes berührt mich im Nacken. Der junge Fahrer putzt verlegen Staub von meinem Schuh. Ich stehe auf und hinke im Kreis, damit alle sehen: Es geht schon besser. Dann ziehe ich den Schuh vorsichtig wieder an. Ich grüße zum Abschied, nehme meine Tasche und gehe, erst hinkend, dann lässt der Schmerz nach. Ich blicke mich noch einmal um. Da stehen die Kinder aufgereiht, stumm. Als ich ihnen zuwinke, hüpfen sie fröhlich auf, strecken ihre Hände in die Höhe, umarmen sich und können ihr Glück nicht fassen.

Am Ende der Welt

Hoch auf den Mauern von Jaisalmer geht der Blick weit über die Wüste, bis am Horizont alle Konturen sich im Dunst verlieren.

Wer hier sitzt, will nicht weiterreisen.

Im Vordergrund ein kleiner Erker mit sandfarbenen Säulen, ein rötlich gelber Marmorboden und eine niedrige schwarze verwitterte Tür. Dahinter das Ende oder der Anfang der Welt.

Menschenleer

Was für mich vor sieben Jahren eine Zauberwelt war, das Innere des Jain-Tempels in Jaisalmer, ist heute eine Touristenattraktion. Die zeitlose Schönheit und lautlose Stille von damals versuche ich aus meiner Erinnerung zu locken. Vergeblich. Erschöpft vom Lärm und den sich drängenden Besuchermassen ziehe ich mich in eine kühle Nische zurück, setze mich und schließe die Augen. Plötzlich werden die Stimmen um mich leiser und nur der Atem des Raumes ist noch zu hören. Als ich meine Augen langsam wieder öffne, ist auch die Masse der Menschen verschwunden, nur zwei Priester zünden vor einem Altar kleine Feuer an und schwenken Räucherstäbe. Ich rieche den Duft, ich höre das Knistern der Flammen und ich sehe die Marmorfiguren, die an den Wänden aufgereiht sitzen. Es sprechen jetzt die steinernen Wände mit mir wie damals, diese gelblichen, von vielen Berührungen geglätteten Quader.

Wie wäre es, denke ich, wenn ich die Priester und auch mich selbst wegbeamen könnte und der Raum menschenleer wäre, wie es in den Nächten ist?

Sehr langsam öffnen sich meine Ohren wieder, ich höre Stimmen, ich sehe die Menschengruppen mit Führern, die sich in vielen Sprachen übertönen.

Aber es stört mich nicht.
Ich sehe und höre durch sie hindurch.

Nila auf dem Seil

Die jungen Frauen, die neben den Toren zum Fort von Jaisalmer selbst gestanzten Schmuck billig verkaufen, aber auch edle Gehänge, Ketten und Ringe, sind dunkelhäutiger als die meisten Einwohner der Stadt, wunderbar farbig gekleidet, auch wenn manches Kleid verschlissen ist, ausgefranst oder grau vom Staub. Es sind fahrende Händlerinnen, die oft mit viel Geschick von Passanten etwas mehr Geld einfordern: „Du hast den Reif bezahlt, nicht aber die Perle." Das Geschäft war aber längst mit einem freundlichen Lächeln abgeschlossen. Diese Nachforderungen regen auch Touristen aus Indien auf. Der Polizist, der hier mit wenigen lässigen Handbewegungen den Verkehr regelt, nimmt solche Beschwerden gelassen. „Was meinst du? Ach! Bleib locker!"

Motorradfahrer preschen durch die Torbögen, Rikschas bahnen sich laut hupend ihren Weg. Fußgänger springen erschrocken zurück.

Etwas höher weitet sich die Torgasse zu einem Platz, auf dem ein junges Mädchen zu Trommelwirbeln auf einem Seil tanzt. Mit goldenen Gefäßen auf ihrem Kopf, drei übereinander gestapelt, springt sie durch Reifen oder schiebt versilberte Figuren aus Metall mit bloßen Füßen über das Seil.

Zwei Erwachsene, ihr Vater vielleicht und ihre Mutter,

gehen mit Körben herum und sammeln für diese kleine Sensation unter den Zuschauern das Bakschisch ein. Sie passen unter dem Seil, sich immer abwechselnd, genau auf, dass ihrem Kind nichts passiert. Es könnte abstürzen. Diese Familie ist ebenso dunkelhäutig und farbig gekleidet wie die Frauen zwischen den Toren. Sie gehören zum selben Clan. Wo sind ihre Männer? Manche könnten die jungen Jugendlichen sein, die Einheimische und Touristen zu Hütchenspielen einladen. Wer gewinnt, hat viel gewonnen. Verliert er, ist sein Verlust scheinbar gering, der Spielmacher hat aber am Ende immer das meiste Geld in der Tasche. Manche Männer aus dieser Großfamilie mischen sich auch unter die Passanten und verkaufen Seidentücher und bunte Wolldecken. Machen sie noch andere Geschäfte? „Alles ist möglich", meint der Polizist und regelt nebenher den Verkehr. „Die Touristen sollen eben aufpassen. Jeder ist selbst schuld, wenn ihm etwas geklaut wird. Nur die Götter wissen mehr."

Das Mädchen tanzt, sie hält sich nur selten für ein paar Augenblicke an den sich kreuzenden Stangen fest, die das Seil gespannt halten. Ich habe mit ihrem Vater gesprochen: „Nila heißt sie", antwortet er stolz und lacht. „Nila, der Mond. Unsere kleine Königin. Ein blauer Edelstein." Er freut sich, dass ein Fremder mit ihm über seine Tochter spricht. „Nein, Nila geht nicht zur Schule. Muss sie das? Ihr Bruder geht ja auch nicht." Der Polizist hat mir vorhin erzählt, die Schausteller seien „Maghrebs", nordafrikanische Moslems, die vor vielen Jahren als Seeleute nach Indien gekommen seien. Mehr weiß er auch nicht. Auch nicht, ob es stimmt, was er sagt.

Jetzt in der Mittagshitze fallen die Spenden geringer aus. Die Zuschauer haben sich in den Schatten der Festungsmauern zurückgezogen. Da wirbelt die Trommel laut. Nilas Bruder schlägt sie. Alle sehen zur Tänzerin hinüber. Der Vater verkündet etwas, was ich nicht verstehe. Irgendeine Sensation steht bevor. Die Leute drängen sich vor. Nila macht einen Handstand auf dem Seil, tanzt mit ihren Beinen in der Luft. Wie schön und wie gewagt.

Ein Aufschrei geht durch die Menge. Sie ist abgestürzt. Ihr Vater hat sie aufgefangen, aber sie blutet am Kopf. Alle reden durcheinander.

Der Polizist sieht bei dieser dramatischen Entwicklung keinen Grund, irgendetwas zu unternehmen. Er regelt gelassen den Verkehr. Die Mutter des Mädchens weint und bittet schluchzend um Gaben für ihr verunglücktes Kind. Jeder gibt etwas. Da liegt das Mädchen, etwas blass auf einem Tuch mit einem kleinen blutigen Fleck. Aber sie atmet. Jetzt setzt sie sich auf. Der Vater hebt sie hoch und trägt sie zärtlich zu einem kleinen Zelt an der Mauer. Noch wird unter den Zuschauern viel geredet und diskutiert. Endlich verläuft sich die Menge. Jetzt ist auch die Mutter mit ihrem Spendenkorb im Zelt verschwunden. Ich setze mich in den Schatten der Mauer. Es ist heiß am Mittag. Ich bin schläfrig, aber ich warte. Irgendetwas könnte noch passieren. Es dauert fast eine Stunde, bis die Zeltplane zurückgeklappt wird und das Mädchen fröhlich und völlig unblutig heraustritt und sich auf das Seil schwingt. Die Eltern stehen daneben wie vorhin, passen auf und sammeln bei den Zuschauern das Bakschisch ein. Das

Kind stellt goldene Gefäße auf ihren Kopf, die ihr der Vater hinaufreicht. Sie tanzt, schlüpft durch Reifen und schiebt mit nackten Füßen Figuren aus Metall über das Seil. Der Polizist lächelt mir zu und hebt nur leicht eine Schulter, als wolle er sagen: Es ist doch alles in Ordnung in dieser Stadt.

Fast nichts

Auf dem Marktplatz von Balotra sammeln Familien mit Neffen, Nichten, Onkeln und Brüdern, den Frauen und ihren Töchtern den Müll ein. Sie werden von der Stadtverwaltung dafür bezahlt. „Eigentlich mit fast nichts", sagen sie. Die Frauen fegen tief gebeugt, mit einer Hand auf dem Rücken, manche mit ihren kleinen Kindern auf der Hüfte. Die sind in Tragtücher gewickelt und schlafen. Es ist eine Arbeit, bei der Kinder gut schlafen können, sagt eine junge Frau. Sie hebt mit einem Schaufelblech den Abfall in den Karren. Wenn ein Wagen voll ist, ziehen die Männer ihn weiter. Sie fegen nicht mit, sie warten, bis die Frauen fertig sind. Beim Ziehen fallen, weil der Karren zu hoch beladen war, Papierfetzen, Obstreste und Staub hinab. Der Wind weht manches zurück auf den Platz, der eben gesäubert wurde. Diese Reste werden jetzt noch einmal von den Frauen zusammengekehrt und wieder auf den Karren geschichtet, von dem der Müll gefallen ist. Bevor der Zug der Wagen in der Müllecke, wo Ziegen und Hunde schon auf ihre Mahlzeit warten, ankommt, rutscht erneut, was locker obenauf lag, herunter und lässt wieder eine Spur von Unrat hinter sich. Natürlich fegen die Frauen ein drittes Mal alles zusammen, heben es mit ihren Schaufelblechen hoch und tragen es dem Karren hinterher. Dieser wird endlich ausgekippt und die Frauen werfen die letzten Reste von ihren Schaufelblechen hinterher.

Weil jeder Obsthändler das, was verfault ist, irgendwohin wirft und jeder Käufer Plastiktüten, Schalen und kleine aus Bambus geflochtene zerknickte Körbchen hinter den Ständen entsorgt, haben die Familien immer wieder genug zu tun. Natürlich erst, nachdem sie sich einen Tee aufgebrüht haben. Tee ist gut gegen staubige Luft. Warum sollte jemand an diesem bewährten System der Abfallentsorgung in Balotra etwas ändern, wenn alles so gut funktioniert?

Königlich

Bei Tagesanbruch liege ich in einem kühlen Hinterzimmer in der Altstadt von Jaisalmer bei einer sanften Massage in ayurvedischer Manier. Ich schwimme in Öl auf gelblich verblichenem brüchigem Wachstuch. Ölreste werden vom jungen langhaarigen Masseur sorgfältig abgetupft. Ich fühle mich gesalbt. Königlich.

Jetzt, gegen Abend, sitze ich im ersten Stock des Eckhauses am Haupthof auf plüschigen roten Polstern mit Fransen bei schwarzem Kaffee. Durch drei Bogenfenster blicke ich auf den Platz, der in der späten Hitze des Tages glüht. Musik von zwei Flötenspielern, die sich beide in eigenen Melodien verlieren und doch immer wieder zusammenfinden. So auf hohen Polstern zu sitzen ist ein Vorrecht, das eigentlich nur Königen gebührt!

Hier, im Café, gibt es kein raffiniert geplantes Belüftungs- und Kühlsystem wie im Palast gegenüber, hier ist keine Geheimtreppe, über die am Abend eine der Gemahlinnen ins Schlafgemach des Herrschers huscht. Aber die Aussicht auf den Platz vor dem Palast ist die gleiche, nur um 90 Grad verschoben. Die Flötenspieler hätte auch ein Herrscher dort drüben hören müssen, er hätte dieselben Bettler gesehen, den leichten Wind gespürt, der über die Wüste weht.

Hier strecke ich die Füße aus, recke die Arme hoch und bin, ohne ein Fürst zu sein, glücklich.

Am späten Morgen hockte ich weit vor den Toren der Stadt, westlich zur pakistanischen Grenze hin, in einem Kamelcamp: Tiere, denen Speichel aus den Mäulern tropft und die mit ihren langen Zungen die gebleckten Zähne ständig umkreisen. Sie kauen und sabbern und schleimen. Das fasziniert mich. Ich fasse mir unwillkürlich an den Mund, um zu fühlen, ob ich das auch tue. Ein Vorderbein der Tiere ist hochgebunden, so kann keines fortlaufen. Schwere Sättel mit Gepäcktaschen und aufgebundene verknotete Säcke müssen sie auf drei Beinen balancieren.

Einer der Kameltreiber kocht Tee für den Rikschafahrer, der mich hierher gebracht hat, und auch für mich, wenn ich ihn denn probieren möchte. Alle lachen.

Drei Steine werden zu einem kleinen Kreis zusammengelegt, etwas Wurzelholz gesammelt und dazwischengeschoben. Ein Streichholz genügt, um die dürren Stücke in Brand zu setzen. Sorgfältig wird das Holz langsam nach innen nachgeschoben. Ein Topf mit abgerundetem Bauch, wie eine Kalebasse mit offenem Hals, wird auf die Steine gestellt, frisch gemolkene Kamelmilch eingefüllt, kein Wasser, das gibt es hier nicht. Wenn die Milch kocht, dann werden Teeblätter eingestreut, viel Zucker dazugerührt. Fertig. Serviert wird der Tee in einem silberfarbenen ziselierten Becher, über den ein Sieb gehalten wird. In kleinen Schlucken trinke ich, auf einem Stück Tuch kniend, halte mit einem Stück von meinem Hemd den heißen Becher. Der Wüstensand weht in die

Augen, setzt sich zwischen die Zähne. Es riecht nach Tier, es schmeckt nach Fett und Sahne. Fremd, sehr fremd!

Ich muss lächeln, als ich die gespannten Gesichter sehe.

Eine kleine Geste, so, als proste ich ihnen zu, löst die Spannung. Lachen, Schulterklopfen, Umarmungen. Ich fühle mich akzeptiert, durch einen einzigen winzigen Schluck und eine Geste und ein verhaltenes Lächeln.

Der Fremde hat gelächelt!

Das bestätigt, dass mein Tee gut war, dass ich gut bin!

Mir fallen die Schultern herunter, die ich angespannt hatte.

Wie gehst du mit dir um?, frage ich mich.

Willst du akzeptiert sein?

Von wem?

Warum?

Die Treiber erzählen von ihrem Dorf. Wie schön, wie glücklich jeder dort lebt, der alte Vater, die Mutter, die Schwestern, die Töchter.

Königlich.

Das Dorf wird zur Wunderwelt mit Brunnen und Tanzplatz. Unser Dorf ist reich, sagen sie, die Kinder gehen zur Schule, jeder ist glücklich. Keiner möchte tauschen. Mit wem auch immer.

Hier in der Halbwüste ist Männerwelt mit Brüdern und Söhnen und den Tieren, die gestreichelt und geschlagen werden. Hier wird hart gearbeitet: Transport für Bauholz, Bündel mit Werkzeugen, Reissäcke, behauene Steine, Pumpen und Schläuche. Die Männer schlafen wochenlang nachts hinter Leinwandzäunen gegen den ständigen Wind, halb eingegraben im Sand. Wer hier als Kind mitarbeitet, wird schnell erwachsen.

Einer wollte mit uns zum Dorf fahren, nach längerer Diskussion waren es drei, die mit uns fuhren. Ein kurzer Ausflug zu den Frauen. Eine Stunde mit dem Four Wheel, sechs Stunden in der Nacht zu Fuß zurück.

Das Dorf: vier Häuser, Stallungen, Scheunen. Keine Schule. Kein Tanzplatz. Schlafplätze für den Sommer, Schlafplätze für den Winter. Karg. Ärmlich. Ein alter Mann, der Älteste im Dorf, mit tiefbrauner gerunzelter Haut und sorgfältig gebundenem Turban sitzt viele Stunden schon auf einem eisernen Bett mit wenigen Spanngurten. Ein Mann mit weißem Bart. Er sagt, er sei fast fünfzig. Mein Alter will er mir nicht glauben.

Die Wände seiner nach einer Seite offenen Hütte sind sorgfältig mit Kuhdung bestrichen, das Dach besteht aus Knüppelholz mit Riedgras als Auflage. Unter der Decke hängen alle Dinge, die wichtig sind, und die Tiere und Kinder nicht erreichen dürfen: Messer, Nähahlen, kostbare Tücher, Trinkgefäße.

Später sitze ich auf einer Düne und bin mit mir allein. Im Wagen warten die drei Kameltreiber, die nun doch zu ihrem Lager zurückgebracht werden wollen. Ich muss aber unbedingt noch den Sonnenuntergang aussitzen, der hier auf der Düne besonders herrlich sein soll. Vorher darf ich nicht zurück! Sagen sie zu mir.

Ich bin zurück! Auch ohne Sonnenuntergang. Mich hat die krause Wut gepackt, und ich habe mir erlaubt zu sagen:

Ich bestimme selbst, wo ich Untergänge erleben möchte.

Die Kameltreiber sind zurück in ihrem Camp, der Fahrer hat mich, viel zu früh, wie er meint, vor dem Fort abgeliefert. Er zieht so ein Gesicht, als hätte er mich nicht nach den Regeln seiner Zunft geführt, betreut und zur richtigen Zeit abgeliefert.

Der Sonnenuntergang ist jetzt in meinem Café ein sanftes Ritual, ohne dass einer der Gäste den Kopf gehoben hätte. Der Palast gegenüber liegt noch im Glanz der Sonne, hier ist es schon dämmrig.

Noch einmal strecke ich mich, schläfrig. Die Herrscher gegenüber werden es genauso gemacht haben. Jetzt ist auch ihr Palast vom ersten Grau der Nacht umfangen. Tiefe Schatten schleichen sich ein. Keine Nebenfrau auf der Stiege.

Der alte Mann auf seinem Bett in der Wüste wird sich schon ausgestreckt haben, die Kameltreiber liegen hinter den Schutzplanen und erzählen sich noch etwas über diesen merkwürdigen Europäer, der bezahlt, aber dann den Sonnenuntergang auf der Düne nicht ansehen will. Der Masseur wird einen Kunden massieren oder er sitzt mit seiner Schwester vor seiner Tür. Sie unterhalten sich flüsternd.

Die Dämmerung fällt überall gleich vom Himmel.

Ich schäme mich

Warum stehen die beiden Frauen an dieser Ecke? Sie sind sehr hübsch, gut gekleidet in farbige Saris und warten. Worauf? Frauen in Indien stehen nie an einer Ecke und warten. Sie gehen, wenn sie unbegleitet sind, rasch vorüber, ohne andere anzublicken. Diese Frauen stehen aber und warten. Warum? Links ein Kleiderladen, rechts werden Taschen repariert, gegenüber gibt es Gürtel zu kaufen. Ein Händler wäscht die Frontscheibe seines Ladens. Rikschas donnern ständig durch die kleine Gasse. Es sind nur ein paar hundert Meter bis zum Eingang des Forts. Ich habe mich auf die andere Straßenseite gesetzt und schreibe auf einer Steinbank in meine Kladde. Jetzt blickt die jüngere der Frauen zu mir herüber. Der Blick muss nichts bedeuten. Aber es ist ein offener, nicht verschämter Blick. Vielleicht will sie sehen, wie dieser Ausländer schreibt? Über was? Über wen?

Frisches Wasser wird in Containern angeliefert. Mit dem abgestandenen Wasser von gestern hat der Händler eben noch die Stufen vor seinem Haus überspült.

Ein Junge im gelb gestreiften Hemd steht jetzt neben dem jüngeren Mädchen und wartet auch. Das alles ist schon sehr merkwürdig und fremd für mich. Nach einer Viertelstunde stehen die drei immer noch da. Der Junge an die Wand gelehnt, die beiden jungen Frauen in ihren luftigen Saris.

Es könnte ein Treff für Strichjungen und Prostituierte sein. Geht mich das etwas an? Ich gehe jetzt, will aber in einer halben Stunde noch einmal vorbeikommen. Vielleicht haben sie dann einen Freier gefunden. Oder es ist alles ganz anders. Ich will das unbedingt wissen.

Die Rollläden, vor denen die Frauen standen, sind jetzt hochgezogen. Dahinter sehe ich durch die Scheibe mit rotem Kreuz in eine Arztpraxis. Die jüngere Frau ist im Gespräch mit dem Doktor.

Der Junge sitzt auf einer Bank.

Die Ältere wartet auf der Straße. Jetzt holt ihr Mann sie ab. Ich schäme mich.

Heute habe ich Glück

Meinen Hut habe ich irgendwo in der Gadi Sagar Road ver-loren. Als ich zum Desert Museum rasch zurücklaufe, finde ich ihn mitten auf der Straße. Von den Reifen vieler Karren ist er plattgefahren, aber Kuhdung lässt sich auswaschen.

Dein Hemd ist fast wie neu, meint der Schneider im Bha-tia Bazaar. Bei ihm hatte ich es gestern abgeliefert. Die auf-gesetzte Tasche war vom Filzschreiber verfärbt und sollte ausgetauscht werden. Er habe keinen Stoff gefunden, der zu meinem Hemd passe, sagt der junge Mann, seine Mutter ha-be deshalb in vielen Waschgängen die letzte Nacht über den Fleck fast unsichtbar gemacht. Ich bedanke mich für ihre große Mühe. Der Stoff ist jetzt sehr dünn, aber er hält gera-de noch.

Mein iPhone ließ sich plötzlich nicht mehr aus- und dann nicht mehr einschalten. „Alle Daten sind gelöscht: deine Bil-der, die Adressen, die Texte", meint der Smartphonehändler. Das sei manchmal so. Da sei nichts zu machen. Er habe aber einen Bruder, der sei ein Spezialist. Der könne vielleicht doch noch helfen. Nach einem längeren Telefonat wird ein Bote mit meinem Gerät zu diesem Bruder geschickt. Mir sagt der Händler, ich solle in einer Stunde wiederkommen. Vielleicht sei noch was zu retten oder eben nicht. In zwei Stunden geht mein Zug nach Delhi. Ich bin nervös. Von Jaisalmer sind es über 17 Stunden bis in die Hauptstadt. Dort wird mein Flugzeug nicht auf mich warten.

Als ich nach einer Stunde nachfrage, ist das iPhone gerade zurückgekommen. Alle meine Daten sind gerettet. Das kostet mich viele Rupien, aber für so viel Glück?

Im Zug hebe ich erleichtert meinen Reisesack auf meinen reservierten Liegesitz, steige aber noch einmal aus, um mir die Beine zu vertreten. Noch zwanzig Minuten bis zur Abfahrt. Ich bin müde. Es war ein langer anstrengender Tag. Ich kaufe mir eine Flasche Wasser und ein paar Bananen. Plötzlich ruckt der Zug etwas zurück und setzt sich dann langsam vorwärts in Bewegung. Rangiert er? Er fährt ab! Die Reisenden springen auf. Welch ein Chaos. Ich hänge mit vielen anderen an den Griffen der Wagentüren. Endlich kann ich mich völlig erschöpft hochziehen. Viele Hände helfen. Nur das Wasser und die Bananen sind verloren. Was macht's. Später versuche ich, in mein Abteil zu kommen, aber alle Übergänge zwischen den Wagen sind mit Gittern verschlossen. Erst beim nächsten Halt in Gomat kann ich zu meinem Wagen nach vorne laufen. Mein Sack liegt unter meinem Sitz. Alle Plätze im Abteil sind besetzt: Kinder, Alte, Frauen, Männer mit Esstaschen, Trinkbeuteln und vielen guten Ratschlägen für mich, der viel zu spät gekommen sei. Eine Sitzkante aber wird für mich auf meinem Bett frei gemacht. Das finde ich sehr nett. Hier kann ich mich mit meinem Glück die nächsten 17 Stunden ausruhen.

Rote Hosen

Zieht gleich eine festliche Prozession durch diese schmale Gasse, mit Elefanten, hoch aufragenden Reliquientürmen oder geharnischten Lanzenreitern, die viel Platz brauchen? Droht ein Sturm, ein Feuer, eine Überschwemmung? Die Tuchhändler, Schuhverkäufer, Krämer und Köche räumen plötzlich in fliegender Hast ihre Stände ab, die sie wie jeden Morgen vor ihren Läden aufgebaut haben. Ich stehe mitten in diesem Chaos. Niemand will mir sagen, was gerade passiert. Sie reißen Kleider von Stangen, schleppen Stühle, Kisten, Säcke, werfen ihre Waren einfach so in ihre Läden, klappen Tische zusammen und bauen in Windeseile Sonnenschutzsegel ab. Zurück bleiben Abfallhaufen, die rasch von vielen Füßen platt getreten werden und die Gasse zum Hanuman-Tempel in Gurgaon pflastern. Ein buntes Gemisch aus zertretenen Kartons, zerquetschten Früchten und zerbrochenem Geschirr. Auch eine zerfetzte Kleiderpuppe ist darunter. Hunde balgen sich darum. Für die Ziegen und die heiligen Kühe ist das ein gefundenes Fressen. Kaufleute und Passanten diskutieren lebhaft und lautstark miteinander. Da bleibt keine Zeit, meine Fragen zu beantworten. Die werden mit einer Handbewegung abgetan. Jetzt gibt es Wichtigeres zu bereden. Alle sehen immer wieder in eine Richtung.

Kommt von dort etwas, was viel Platz braucht, ein Tieflader oder eine Militärkolonne? Ich warte. Da immer noch nichts passiert, gehe ich langsam und vorsichtig auf die Suche, die Straße hinauf. Kurz bevor die lange Gasse sich zu einem Platz weitet, steht da, mitten auf der Kreuzung, ein altes, schon leicht zerbeultes Polizeiauto. Hinten, auf der Ladefläche des Pick-ups, eines Pritschenwagens, sitzt ein junger Mann, bewacht von einem Polizisten. Ein Kollege telefoniert, ein dritter und vierter werden lauthals von zeternden Marktfrauen beschimpft. Was ist passiert? Der junge Mann hatte offensichtlich seinen Verkaufsstand mitten auf der Straße aufgebaut. Der Verkehr war stark behindert, die Passanten mussten sich vorbeiquetschen und die Motorradfahrer konnten nur mit Mühe durchkommen. Also wurde der junge Mann angezeigt und dann von der Polizei aufgefordert, seinen Stand sofort abzubauen, weil im Grunde alle Stände, Sonnensegel und Auslagen in dieser schmalen Straße verboten seien. Niemand hielt sich bisher an diese Vorschrift, jetzt aber und in Zukunft solle hart durchgegriffen werden.

Als der junge Mann sich immer noch weigert, seinen Stand abzubauen, wird ihm erst eine sehr hohe Strafzahlung angedroht, und endlich, als er zu nichts bereit ist, wird er verhaftet. Dieser Zwischenfall hat sich wie ein Lauffeuer herumgesprochen. Weil diese Strafzahlungen in letzter Zeit schon häufiger angedroht wurden, befürchten wohl die Händler, auch Bußgelder zahlen zu müssen oder verhaftet zu werden. Ich höre mir eine Weile die gegenseitigen Beschimpfungen an. Irgendwann langweilt mich das. Ich will gehen. Plötzlich eine neue Lage. Der junge Mann darf vom Polizeiwagen steigen. Er räumt missmutig seine Sachen von der Straße und stapelt seine Kisten vor einer Hauswand. Gleich, wenn die Polizei weggefahren ist, wird er, da bin ich mir sicher, seinen Stand genauso wieder aufbauen. Ich gehe langsam durch die Menschenmenge zum Tempel zurück. Längst hat sich herumgesprochen, dass die Polizisten abgezogen sind, denn Tische und Stühle sind wieder auf die Straße herausgestellt, einige Sonnensegel hängen schon, und die meisten Schuhverkäufer und Kleiderhändler schleppen ihre Waren aus ihren Läden auf die Straße. Bald sieht es aus wie zuvor. Als ich einen Händler, von dem ich vorhin wissen wollte, was los ist, frage, ob so eine Polizeikontrolle öfters passiere, antwortet er nur leicht verärgert: „Was ist passiert? Nichts ist passiert! Und wenn etwas passiert wäre, dann ginge das nur uns etwas an." Jetzt will er mir sofort rote Hosen verkaufen. „Rote Hosen, die passen zu dir." Als ich ihn fragend ansehe, kichert er und meint: „Alle, die sehr neugierig sind, tragen in Indien rote Hosen." Dann ruft er mir noch nach: „ Ist das da, wo du herkommst, nicht so?"

Der Mann in Weiß

Warum steht dieser sorgfältig gekleidete Mann so lange auf dem Busbahnhof in einem Vorort von Gurgaon? Viele Busse sind abgefahren, er wartet immer noch. Strahlend weiß ist sein langes Hemd, sein elegantes, in viele Rüschen geordnetes Jäckchen ist frisch gebügelt. Jetzt hat er es ausgezogen, sorgfältig gefaltet und auf ein Tuch gelegt. Es ist am Vormittag schon sehr heiß in Gurgaon. Der Mann trägt mit Silbernieten verzierte Schuhe. Affig. Er raucht. Ständig. Ist er nervös? Seine Haare hat er rötlich gefärbt. Das gilt hier als schön. Er ist ein kleiner Mann. Vielleicht deshalb diese Inszenierung? Ein armer Wurm im frisch gebügelten weißen Hemd? Noch kann ich ihn nicht einordnen. Frauen, die neben ihm warten, finden den Mann nicht so toll. Was stört sie? Nach einem ersten Blick wenden sie sich ab. Spüren die Frauen etwas, was ich nicht einmal ahne?

Busse halten an, Busse fahren weiter.

Noch immer steht der Mann dort drüben neben den Motorrädern.

Ich steige nicht in meinen Bus, sondern stelle mich zwischen Apfelsinenverkäufer und Gewürzhändler. Jeder bietet mir höflich einen Platz an: auf einem Hocker, auf einer Kiste, auf einem Mauerstück. Ich bedanke mich. Der Mann da drüben hat eben mit einem Lappen die Nieten seiner Schuhen poliert. Eitel ist er auch noch. Jetzt kämmt er seine rötlichen Haare. Er ist nicht mein Typ.

Ich sitze und esse eine Mandarine vom Händler nebenan. Der versteht nicht, warum ein Ausländer so lange zwischen seinen Kisten und dem Obstkarren sitzt. Eigentlich weiß ich es auch nicht.

Der nächste Bus in meine Richtung hält an und fährt weiter. Noch will ich einen Augenblick Geduld haben. Der Mann in Weiß steht jetzt ganz allein an der Haltestelle. Irgendwie tut er mir leid.

Ich gehe zu ihm hinüber. Jetzt stehen wir nebeneinander. Wir sehen uns nicht an. Eigentlich bin ich nicht so scheu. Jetzt aber doch.

Ob er mich anspricht? Er hat sich jetzt auf eine dieser eisernen Sitzschalen gesetzt, die unter einem Dach, fünf nebeneinander, für die Reisegäste bereitstehen. Ich setze mich neben ihn. Wir schweigen. Wer wird den anderen zuerst ansprechen? Schließlich bin ich es.

„Ein schöner Tag ist das heute.“

„Sehr schön“, antwortet er.

Wieder langes Schweigen.

„Wohin wollen sie reisen?“, frage ich.

„Ich verreise nie“, sagt er und rückt die weißen Falten am Hemd ein wenig zurecht.

„Nicht?“

„Nein“, antwortet er leise, „nicht mehr.“

„Und früher?“, frage ich zurück.

„Oh, oft. Sehr häufig."

„Und warum jetzt nicht mehr?"

Plötzlich habe ich das Gefühl, dass ich ihn etwas gefragt habe, was niemand in den letzten Jahren von ihm wissen wollte.

Es sprudelt aus ihm heraus. Erst in englischen Satzfetzen, dann auf Hindi oder Urdu. Ich kann mir kaum zusammenreimen, was er meint.

Wer hat wen verlassen? Wer ist gestorben? Einer hat einen anderen verraten? Wer hat geweint, war verzweifelt, hat sich umgebracht?

Endlich verebbt die Flut seiner Worte. Erschöpft sieht er aus, doch irgendwie erleichtert.

„Seit Jahren stehe ich an diesem Busstopp, wo alles einmal begann", sagt er. Lange Pause. „Bald nicht mehr." Er legt den Kopf schief, lächelt und sieht mich an: „Vielleicht."

Dann ist er fortgegangen. Einfach so. Mehr weiß ich nicht über ihn.

Der mit dem Hut

Am Morgen ein erster Blick aus dem Fenster: Ein schöner sonniger Tag wird das heute, auch wenn die Dunstglocke aus Abgasen schon wie grauweißes Spinngewebe über Delhi hängt. Wie so oft. Wie immer. Da unten steht schon der junge langhaarige Rikschafahrer, der mich in den letzten Tagen oft transportiert hat, in seiner alten zerknautschten, von ihm heiß geliebten Lederjacke, neben seiner klapprigen, mit hübschen Frauenporträts bemalten Dreiradkarre. Ich winke ihm aus dem dritten Stock des Gästehauses zu: „Ich komme gleich." Gestern haben wir verabredet, dass er mich kurz vor sechs Uhr abholen wird. Er ist pünktlich. Ich will zum Bahnhof. Der Zug nach Jammu fährt erst um acht, aber ich weiß, wie oft es mehr als einen Stau in der Innenstadt gibt. Lieber eine Stunde zu früh. Das ist hier die Regel. Als ich ein paar Minuten später meinen Reisesack in sein Fahrzeug lade, bekommt mein Fahrer gerade vom Stand gegenüber sein Frühstück geliefert: Puri, frittiertes Fladenbrot, das ballonartig aufgebläht ist, mit einem Schälchen weißer Bohnen in scharfer roter Soße. Er sieht mich erstaunt an. Dass ich so schnell herunterkommen würde, damit hat er nicht gerechnet. „Nur mit der Ruhe", sage ich, als er den Jungen mit dem Essen zurückschicken will. „Ich hole mir auch etwas." Er lehnt sich lässig gegen seine Karre und schiebt sich mit Brotstückchen, die er vom Fladen gerissen hat, die Bohnen in den Mund. Ich gehe über die Straße und bestelle mir Choley: Kartoffeln mit Linsen und Kichererbsen. Das reicht dann bis Mitternacht. Es sind etwa 17 Stunden mit dem Zug nach Jammu und weiter mit dem Bus nach Srinagar. Als ich mit zwei Pappbechern mit Tee zurückkomme, sitzen vier Männer in meinem Dreirad eng aneinander gequetscht auf der Rückbank. Mein Reisesack ist verschwunden. Der Fahrer erklärt mir, dass seine neuen Fahrgäste eine längere Tour planten, das bringe ihm mehr ein als eine Fahrt mit mir allein zum Bahnhof. Ich müsse das verstehen. Meinen Reisesack habe er deshalb einem anderen Rikschafahrer gegeben, der bringe ihn zu seinem Fahrzeug, das nur um die Ecke stehe. Er komme gleich mit dem Wagen zurück. Ich solle bitte hier auf ihn warten.

Dann braust er fröhlich, ohne dass ich etwas antworten konnte, mit seinen Gästen davon.

Ich warte.

Geduldig.

Niemand kommt.

Ein paar Rikschas fahren vorbei, keine hält an.

Ich werde unruhig.

War das ein Trick, um meinen Reisesack zu klauen?

Was ist, wenn mein Sack wirklich verloren wäre?

Die paar Unterhosen, die drei Hemden und der Rasierapparat, alles lässt sich ersetzen. Geld, Scheckkarten und Ausweise, selbst die Flugscheine trage ich bei mir in den Taschen meiner Hose und im Beutel auf der Brust. Aber die Hefte mit den Texten, alles das, was ich in den letzten Wochen aufgeschrieben habe, das Wichtigste also, das wäre verloren. Könnte ich mich noch an alles erinnern und neu schreiben? Ginge das? Es ginge nicht.

Ein paar Sekunden springt mir dieser Schreck durch den Kopf.

Ich zwinge mich zur Ruhe. Nur keine Panik.

Ich gehe langsam bis zur Ecke.

Keine Rikscha.

Ich gehe zurück.

Verdammt, da hat mich jemand reingelegt.

Was mache ich jetzt?

Plötzlich ein höllischer Lärm.

Sieben Motorrikschas, alle ohne Passagiere, knattern durch die Straße, halten bei Passanten an, fahren aber sofort weiter. Ein schrilles Pfeifen und Rattern, das ich so noch nicht gehört habe. Ein Attentat? Ein Überfall? Auch neben mir hält mit kreischenden Bremsen ein Fahrer. Ich stolpere erschrocken einen Schritt zurück. Der Mann ist ganz aufgeregt. Ob ich einen mit Hut gesehen hätte, fragt er und muss tief Luft holen, „einen Ausländer mit graugrünem Hut?" Ich zeige ihm meine Mütze, die ich in die Tasche gesteckt hatte. „So eine?" Er schüttelt zweifelnd den Kopf, fragt aber, ob ich vielleicht der sei mit der Tasche, dem blauen Sack? Ich nicke und lache. Er lacht zurück, schreit und schwenkt seine Arme, bis alle knatternden Dreiräder sich um uns versammeln. Ein großes Palaver beginnt, von dem ich erst einmal kein Wort verstehe, denn alle reden lachend durcheinander. Sie sind ausgeschwärmt um, soviel verstehe ich doch, einen Mann mit Hut zu suchen. Endlich kommt auch die Riksha mit meinem Reisesack. Feierlich werde ich hineingebeten und mit viel Händeschütteln verabschiedet.

Natürlich, der Zug nach Jammu war längst ohne mich abgefahren. Aber was macht das bei so vielen liebevollen Menschen?

Und so viel Glück.

Die schöne Arina

Sie schreitet über den Landungssteg, als sei sie immer schon auf Laufstegen unterwegs gewesen. Sie geht barfuß, lacht und schwenkt in der erhobenen Hand ihre silbrigen Sandalen. Am frühen Nachmittag kehrt sie von ihrem Ausflug mit dem Boot auf dem Dal-See zurück, um zu sehen, wer unter den neuen Gästen interessant für sie wäre. Interessant ist für Arina jeder Mann, der sich in einem der vier Hausboote am Steg für ein paar Tage einmietet und keine Ehefrau oder Freundin mitbringt. Bei Freundinnen allerdings nimmt sie es nicht so genau und einige sollen schon vorzeitig abgereist sein. Sie sei eine Russin mit viel Temperament, sagt sie, und wirft anmutig ihr goldblond gefärbtes Haar zurück. Der ältere Herr, den sie gleich, noch bevor er sein Zimmer gesehen hat, anspricht, neigt freundlich sein weißes Haupt und lächelt. Die Russin nimmt dies als Aufforderung, sich etwas näher kennenzulernen. Sie lehnt sich mit einer Hüfte an die Reling und baumelt mit dem leicht gehobenen Bein. Das sieht hübsch aus und kann eigentlich nicht missverstanden werden. Der ältere Herr, vermutlich ein Engländer, sicher aber ein Europäer, ist etwas unaufmerksam und mit seinem Gepäck beschäftigt. Aber eine halbe Stunde später sitzt er frisch geduscht auf der kleinen Terrasse und bestellt sich grünen

Kaschmirtee mit Milch, Gewürzen und Mandeln. Ein Boot mit allerlei Waren, vom Mineralwasser bis zum Knabbergebäck, das am Steg anlegt, wird jetzt von Kindern, die Schokolade kaufen, belagert. Hier lässt sich die Russin, die ein tief ausgeschnittenes gestreiftes Top übergezogen hat, eine besondere Sorte Kekse heraussuchen. Noch auf dem Steg reißt sie die Packung auf, eilt die Stufen zur Terrasse herauf und, indem sie die Rolle dem neuen Gast hinreicht, ruft sie: „Die müssen Sie probieren! Das sind die besten! So köstlich, so fantastisch zuckerig im Mund!" Der Herr bedankt sich höflich und nimmt mit spitzen Fingern einen der Kekse. „Darf ich mich einen Augenblick zu Ihnen setzen?", fragt sie und hat schon Platz genommen. Ihre blonde Mähne schüttelt sie, sodass ihre Haare etwas wild, aber hübsch locker lässig übereinanderfallen.

Der Bootsbesitzer und seine Söhne, die gerade ein Geländer in kräftigem Blau streichen und die kugelige Haube mit Goldlack verzieren, sehen zu ihr hinüber, verziehen aber keine Miene.

Es kommt mir vor, als könnten kleine spöttische Blicke dieses Schauspiel kommentieren, ohne dass es jemand merkt.

Noch vor dem Abendessen kommt es zu einem neuen Auftritt. Die Russin, inzwischen in einem eng anliegenden rosa Top mit Spaghettiträgern, hebt die Arme, um etwas in der Luft zu greifen und entblößt dabei ihre hübschen Achselhöhlen, so, als begrüße sie die strahlende Abendsonne, die sich schon ins Rötliche färbt. Sie wendet sich zu dem älteren Herrn, der auf einem Plastikstuhl zu lesen versucht, beugt sich zu ihm hinab und meint, dass dieser strahlende Abendhimmel doch das Schönste sei, das sie je in ihrem Leben gesehen habe. Dabei streift sie, wie zufällig, einen der schmalen Träger ab. Den schiebt sie aber gleich, betont langsam allerdings, wieder an seinen Platz. Dabei betrachtet sie mit einem Lächeln die wippenden Zehenspitzen des Herrn, der wiederum ihre schwingenden Hüften beachtet. Jetzt hat er sein Buch zur Seite gelegt und schiebt seine Hände in den Nacken, was eine gewisse Offenheit signalisiert. Zumindest versteht das Arina so, die jetzt das Spiel vorantreibt und mit einem Strohhalm einen grünlichen Aperitif aus einem Kelchglas schlürft. Dabei spitzt sie die Lippen und blickt dem Herrn schelmisch lächelnd auf den Mund. Die Söhne des Bootsbesitzers haben ihren Anstrich beendet. Die vergoldeten Kugeln leuchten. Die Blumentöpfe, die sie mit tulpenförmigen Blüten bemalt haben, sehen vor dem tiefblauen Wasser des Dal-Sees in der Abenddämmerung pittoresk aus. Die jungen Männer sitzen jetzt mit untergeschlagenen Beinen auf den Planken und reden leise miteinander.

Nach dem Abendessen hat sich die Russin neben den Herrn auf eine Bank gesetzt. Ihre weißen Hosen umspannen ihre Schenkel so straff, dass es dem Herrn nicht eigentlich gefällt, er aber doch hin und wieder darauf blicken muss. Das Top der Russin ist jetzt goldfarben und umspannt eng ihre Brüste, die sie leicht, ein wenig kokett, nach vorne schiebt. Dem älteren Herrn scheint sein erster Abend auf dem Hausboot gut zu gefallen. Jetzt redet er auf Arina ein, die ihm in einer Kleinmädchenpose gespannt zuhört.

Der Bootsbesitzer, der sich mit seinen Gästen unterhält, blickt hin und wieder zu seinen Söhnen und auch zur Russin hinüber. Die Söhne, die als Kellner die Getränke bringen, sehen diesen vorletzten Akt mit lächelnder Gelassenheit.

Nach Mitternacht schlägt das Wasser des Dal-Sees leise glucksend gegen die Bootsrümpfe. Die Söhne hatten sich wie immer auf dem Hinterdeck auf die Planken gelegt, sich eine Rolle Schaumstoff in den Nacken geschoben und waren fast schon eingeschlafen, als die schöne Arina sich kichernd auf dem Vorderdeck noch immer um den älteren Herrn bemüht. Der ist nach einem langen Reisetag und etlichen Cocktails doch etwas müde und nicht so leicht in Stimmung zu halten. Aber Arina kennt ihren neuen Freund schon gut genug. Sie streichelt dem Herrn über den Nacken, küsst ihn sanft auf die Schläfen und lässt ihre Hand wie zufällig in seinem Schoß ruhen. Der Herr ist aber dann doch in seinem Deckchair eingeschlafen. Arina erhebt sich, steht jetzt an der Reling und streicht ihr Haar zurück. Die Söhne sehen zu ihr durch halb geschlossene Lider hinüber, finden sie irgendwie sexy, doch nicht als Frau, die ihnen wirklich gefallen könnte. Dazu fehlt ihr eine Zartheit, die hier in den Bergen des Himalaja zu einer kleinen Liebe gehört.

Arina spürt die Blicke, die sie abtasten und die leichte Verachtung der jungen Männer. Gerne hätte sie mit ihnen etwas Hübsches angefangen. Zur Abwechslung zumindest. Bei ihnen aber, das weiß sie, hat sie keine Chance. Sie wirft, als wolle sie sich aufwecken, ihr Haar zurück, blickt zu den Söhnen kurz hinüber, weckt dann den älteren Herrn mit einer kleinen Umarmung. Der lässt sich sanft unter Deck führen. Ein Vorhang wird zugezogen, nur noch ein paar Laute, dann ist es ganz still.

Ausgefragt

Vier mächtige Ventilatoren verquirlen stickig heiße Luft unter der schweren Holzbalkendecke. An ihren schmalen gewundenen Blättern kleben Staubfäden, die träge flattern. Unter den Flügeln spürt der Gast kaum einen kühlen Hauch. Das gleichmäßige Schnarren der Fächer mischt sich mit dem, was im Lokal halblaut gesprochen wird, den schlurfenden Schritten der Kellner und dem Klappern von Tellern und Tassen. Ein dumpfer Klangbrei, der schläfrig macht. Die Vierertische in der Mitte des Gastraums sind besetzt. An einem der längeren Tische an den holzgetäfelten Wänden kann ich mich noch dazwischenzwängen. Vom langen Gang über die Hügelkette der Stadt, den ständigen Auf- und Abstiegen durch enge Gassen, über Treppen und kleine Brücken, bin ich müde geworden.

Ein gläserner Vorbau an der Schmalseite des Raumes gibt den Blick frei ins steil abfallende Tal. Die gegenüberliegende Seite zeigt mit Fenster und Tür zum Bazar auf der Bergkuppe von Shimla, der Hauptstadt von Himachal Pradesh. In diesem Saal im Kolonialstil, einem indischen Kaffeehaus der Arbeiter-Kooperative von 1936, sitzen 50 Männer, aber nur wenige Frauen. Die Kellner in weißen Anzügen mit grünen Schärpen tragen auf ihren Köpfen grünweiße Turbane mit aufgefalteten Spitzen. Jeder der Gäste lässt sich Kaffee servieren. 400 Kaffeehäuser dieser Art soll es in Indien geben. Merkwürdig ist, dass sich die Gäste sehr dezent, fast flüsternd unterhalten. Aber das ist ganz angenehm.

Neben mir sitzen acht ältere Herren auf beiden Seiten des langen Tisches, einer trägt eine elegante graue Kappe, zwei haben ihre wenigen Haare hübsch übereinander drapiert, drei sind kahl geschoren. Alle nippen an kleinen Wassergläsern, die vom Personal alle paar Minuten neu gefüllt werden, und schlürfen dann ihren Kaffee. Das ist wohl ein indisch-englisches Ritual, das ich irgendwie lustig finde in seiner gemütlichen Gelassenheit. Hier fühle ich mich gut aufgehoben, auch wenn sich niemand, und das ist komisch, mit mir unterhalten will. Warum nur? Als hätten sie meine Gedanken erraten, lächeln die alten Herren, nicken mir freundlich zu, aber sprechen mich nicht an. Vielleicht bin ich zu forsch aufgetreten, bin falsch angezogen mit meinem verwaschenen Outdoorhemd oder mache sonst einen Fehler, der das Kaffeehausritual stört? So schweige auch ich und beobachte nur, was um mich herum geschieht. Die Platten der Tische sind abgegriffen, leicht verschrammt, werden aber immer wieder von Kellnern feucht abgewischt und trocken gerieben. Dazu heben alle am Tisch die Arme ein wenig an. Die Tische und Stühle auf den alten, weißschwarzen Marmorfliesen sind gegen die Richtung der Fugen gestellt. Das sieht irgendwie elegant aus. Die Sonne fällt an diesem späten Nachmittag fast horizontal in den Gastraum und lässt ein paar weißhaarige Köpfe aufleuchten. Eine festliche Gesellschaft. Einer der Tischgäste hat sich jetzt verabschiedet, dann setzen sich ein Sikh mit Turban neben mich und ein Mann mit flotter Sportkappe mir gegenüber. Beide tragen edle karierte Hemden. Komisch. Ich habe hier am Fuß des Himalaja sonst in keiner Stadt Männer in karierten Hemden gesehen. Neben der Kasse ein alter Schirmständer mit Spiegel. Auch das ist für mich fremd. Vielleicht ein Relikt aus der Kolonialzeit, als die Engländer in Shimla mit Regenschirmen spazieren gingen? Diese Inder benehmen sich, als seien sie in ihrem „British Flair" noch Untertanen englischer Protektoratsherren. Ein bisschen vom Geist des 19. Jahrhunderts weht aus hochherrschaftlichen Zeiten herüber. 1864 wurde Shimla in den kühleren Bergen auf 2 200 Meter Höhe der offizielle Sommersitz der Kolonialregierung, die jedes Jahr aus dem stickigen Kalkutta hierher umsiedelte. Das ist noch an vielen viktorianischen teakgetäfelten Villen mit Löwe und Einhorn über dem Eingang abzulesen. Die Tiere stehen für England und Schottland.

Endlich: Einer der alten Herren, der mich schon länger beobachtet hat, erbarmt sich und stellt mir eine Frage. Ich antworte. Dann fragt er mich aus. Dies ist nicht die feine englische Art, das ist ein Dialog auf indische Art. Die anderen Nachbarn hören zu. Ich antworte ihm, so gut ich kann. Woher ich komme, fragt er, wer meine Eltern seien, wie viele Kinder ich habe, was ich gelernt hätte und ob mir mein Beruf gefalle. Über meinen Glauben will er alles genau wissen, bis zur Frage, ob ich glaube, dass meine Frau mir treu sei. Er habe so manches über Europa gehört. Er lacht. Alles und jedes wird thematisiert. Erst war das für mich wie ein Spiel, das ich von Reisen in Asien kenne, dann aber wurde es zu einer Art Verhör. Die alten Männer kommentierten meine Antworten mit einem Kopfnicken oder Kopfschütteln. Nicht immer war zu erkennen, was eigentlich gemeint sein könnte. Endlich hielt ich mit meinen Antworten erschöpft inne. Es reicht, dachte ich, setzte mich zurecht und fragte zurück. Die gleichen Fragen: Nach seinen Freunden, seinem Glauben, wo er seine Frau kennengelernt habe und wohin er heute noch gehen möchte. Meine Rückfragen irritierten ihn. Mich auszufragen, das schien in Ordnung zu sein. Gefragt zu werden, nicht. „Wie viele Kinder hast du, Mädchen oder Jungen, wie alt sind sie, sind sie verheiratet, mit wem? Sind sie glücklich? Lieben die jungen Schwiegertöchter deine Söhne?"

Die alten Männer am Tisch haben uns schweigend zugehört. Vieles an mir gefällt ihnen nicht. Ich spüre, dass sie von mir abrücken, ja, sich abwenden, als hätte ich mich ungehörig benommen.

Ich lade mein Gegenüber zu einer dritten Tasse Kaffee ein. Er lehnt ab. „Geht deine Frau allein in die Stadt?", frage ich, „darf sie mit Männern reden?" Meine Neugierde geht ihm endgültig zu weit. Er müsse dringend, sagt er, einen Freund besuchen, der krank sei. Er steht auf. Einen Versuch mache ich noch. „Du hast mich eben alles das gefragt, was ich dich jetzt zurückfrage. Ich merke, dir ist das nicht recht." „Das ist doch etwas ganz anderes", antwortet er und richtet sich stolz auf, „du bist ein Ausländer, ich bin ein Inder."

Die alten Männer nicken und wiegen ihre Köpfe.

Töchter

Auf einem Schild neben dem Eingang zum Krankenhaus ist genau aufgelistet, was hier an physiotherapeutischen Behandlungen angeboten wird: Kurzwellenwärmetherapie, elektrische Nervenstimulation, Paraffinwachsbäder und Massagen.

Daneben, etwas kleiner, steht in weißer Schrift auf schwarzem Grund:

Sex-Determination! Untersuchungen, welches Geschlecht ein ungeborenes Kind haben wird, werden nicht angeboten. Solche Tests sind illegal und verboten.

Jede indische Frau weiß das.

Aber jede Schwangere will wissen, ob es ein Junge wird oder nur ein Mädchen. Man vermutet, dass 50 000 Mädchen im Monat abgetrieben werden. Denn Mädchen können für eine Familie zur Last werden. Mütter, die nur Mädchen gebären, meide man, als wären sie daran schuld.

„Mädchen sind teuer", heißt es im Volksmund, „Söhne bringen Geld ins Haus." Mädchen brauchen eine Aussteuer, ein hoher Brautpreis muss gezahlt werden und für die Ausrichtung der Hochzeitsfeiern verschulden sich viele Familien. Früher war die Mitgift ein Geschenk, das der Tochter freiwillig mitgegeben wurde. Heute ist Mitgift häufig eine hohe Forderung der Familie des Bräutigams an die Brauteltern: Geld, elektronische Geräte oder Landbesitz. Seit über 50 Jahren ist diese Praxis in Indien verboten, viele aber halten sich nicht daran. Einen Jungen zu bekommen, der die Eltern, wenn sie alt sind, ernähren kann, das ist wahres Glück.

„Beti Bachao – rettet Mädchen" heißt eine Kampagne der indischen Regierung, die erste Erfolge zeigt. Sie setzt auf Aufklärung, lobt Geldpreise aus, Geburtstage von Mädchen werden öffentlich gefeiert. In einigen Bundesstaaten steigt deshalb die Geburtenrate für Mädchen um einige Prozent.

Hier im Krankenhaus von Shimla in den Vorbergen des Himalaja werden, wie überall in Indien, Ultraschallgeräte überwacht, Daten gespeichert und an die Gesundheitsämter übermittelt.

„Der Staat kümmert sich um uns", heißt es. „Aber was nützt dieser ganze Aktionismus", kritisieren Frauenverbände, „Ultraschallgeräte aus China, so groß wie Smartphones, werden illegal eingeführt. Abgetrieben wird von Kurpfuschern. Einige wurden angeklagt. Meist aber wird eine Abtreibung von der Polizei und den Gerichten nicht weiterverfolgt, weil in den Familien der Ankläger selbst abgetrieben wird. In manchen Regionen Indiens werden Frauen knapp.

Schon soll es viele Millionen indische Männer geben, die keine Partnerin finden. Das Angebot, Mädchen aus ärmeren Regionen Indiens günstig und nach Katalog an Heiratswillige zu liefern, ist ein einträgliches Geschäft. Erst wenn die gekauften Bräute richtig teuer werden", so ein hilflos-zynischer Kommentar, „wird sich vielleicht etwas ändern."

Wann ist das Schöne schön?

Ich gebe zu, es war eine verrückte Idee, morgens um halb sieben das berühmteste Mausoleum Indiens zu besuchen: den Tadsch Mahal. Dieses vornehme, stolze Mahnmal für eine Liebe eines Großmoguls zu seiner Hauptfrau Mumtaz, die bei der Geburt ihres vierzehnten Kindes starb. Ich habe diesen Totenpalast für eine geliebte Frau immer bewundert: vom Zugfenster aus der Ferne als majestätische Silhouette über dem Häusermeer der Stadt, ganz nah im strahlenden Sonnenglanz am Mittag und vor einem rötlichen Abendhimmel, als filigranen Scherenschnitt. Was sollte da am frühen Morgen besonders interessant sein? Ein indischer Freund hat mir aber nachdrücklich empfohlen, sehr früh dorthin zu gehen. Er lebt in Agra. Er muss es wissen. Gegen sieben gibt es nur wenige Touristen, meinte er, du hast die Wege im Park für dich allein, die Wasserbecken spiegeln die Kronen mächtiger Bäume und das herrliche Bauwerk steht wunderbar leicht, als schwebe es auf seinem marmornen weißen Sockel, und, was besonders wichtig ist, die stickige Luft in Agra ist in den Morgenstunden wunderbar frisch und klar. Das hat mich überzeugt.

Ich mache mich noch halb in der Nacht auf den Weg, kaufe kurz nach sechs Uhr eine Eintrittskarte und gehe die paar hundert Schritte bis zu einem der Eingänge. Um mich nichts als dichter Nebel, der selbst die Straßenränder kaum erkennen lässt. Langsam wird es hell.

Unter einem Torbogen stehe ich. Jetzt müsste dort hinten der Taj Mahal zu erkennen sein. Doch nur eine Flucht von Wasserbecken führt in eine unbestimmte weißgrau verschleierte Ferne. Als müsse gleich das Geheimnis enthüllt werden, irrt mein Blick durch die Nebelschwaden. Ich sehe nichts, aber ich sehe es doch. Welch eine Entdeckung! Schritt für Schritt taste ich mich auf Wegen neben den Becken und über kleine Brücken näher heran. Plötzlich kann ich erste Konturen erkennen, Affen auf Mauern und weiße Marmorwände.

Das kaum enthüllte Kunstwerk ist für mich wie eine japanische Tuschzeichnung, die ich einmal sah, auf der der Fudschijama in Wolken verhüllt war. Jeder Japaner erkennt sofort, was da verhüllt ist. Die Kontur des heiligen Berges ist in sein Bildgedächtnis eingeschrieben. Sehe ich wirklich, was ich nicht sehen kann, oder bilde ich mir das nur ein? Sieht diese Kuppel, die ich zu sehen glaube, wirklich so aus? Und stehen die Minarette, die leicht nach außen geneigt sind, damit sie bei einem Erdbeben nicht auf die Haupthalle fallen, wirklich da, wo ich sie vermute? Ich höre Stimmen. Es müssen Menschen in der Nähe sein. Das beruhigt mich. Jetzt sitze ich so früh am Morgen schon auf Treppenstufen. Der Marmor ist kühl. Niemand kommt vorbei.

„Wer einmal auf den Fudschijama steigt", sagt ein japanisches Sprichwort, „ist weise. Wer ihn zweimal besteigt, ist ein Narr."

War es närrisch, noch einmal hierherzukommen, um zu sehen, was ich schon oft gesehen hatte? Warum eigentlich ist der ein Narr, der den Berg zweimal besteigt? Ich habe das nie verstanden. Zum Tadsch Mahal bin ich gegangen, weil ich Abschied nehmen wollte. Reisen sind immer voller Abschiede, wenn du älter wirst.

Warum aber habe ich das Bekannte gesucht und nicht das Unbekannte und Neue entdecken wollen, das gleich nebenan liegt? Vielleicht will der japanische Spruch das hinterfragen. Warum fasziniert mich das, was ich kaum erkennen kann? Macht ein Schleier die Schönheit des Tadsch Mahal erst sichtbar? Der Dichter Rabindranath Tagore schrieb in einem Gedicht, das Mausoleum sei „eine Träne auf der Wange der Zeit".

Wann ist Schönes schön? Wenn es verhüllt ist oder wenn es sich langsam entkleidet? Wenn du nichts weißt und nur etwas ahnst? Oder wenn du mit der Zeit immer etwas mehr erkennst? Wenn die Schönheit nackt dasteht, ist sie dann am schönsten? Ein paar Minuten und immer noch ein paar Minuten länger sitze ich auf meinen Treppenstufen, die sich wunderbar glatt anfühlen und warte gelassen, bis sich der Nebel hebt.

Drei Möhren

„Vorhin waren es 15", sagt die kleine lebhafte Frau auf dem Gemüsemarkt in Orcha mit einer einfachen Geste: Sie streckt mir lachend dreimal ihre Handfläche mit allen fünf Fingern entgegen. Dann zeigt sie auf die Möhren vor sich. Jetzt, gegen Mittag, sind es nur noch vier, die auf der kleinen Bastmatte liegen. Eine habe ich ihr abgekauft, eine dicke rötlich gelbe mit Grünzeug dran und ein paar Wurzelhaaren. Ich habe sie gleich geschält und gegessen. Das findet die Frau komisch und muss es unbedingt sofort den anderen Marktfrauen erzählen. Sie steht auf, bückt sich, sammelt meine Möhrenreste und das Grünzeug auf und verfüttert es an eine junge Ziege, die am Stand nebenan für das Opferfest im Tempel verkauft werden soll. Der Ziege gefällt das. Sie will mehr und schnuppert an den Möhren. Die Frau verscheucht sie.

Gegen Abend sind alle Ziegen verkauft und geopfert. Ihr Gekröse liegt an der Tempelmauer in bläulich glänzenden Haufen. Das Fleisch ist, in Plastikbeuteln verpackt, längst von den Familien, die die Tiere zu Ehren der Götter köpfen ließen, nach Hause geschleppt worden. Immer noch liegen die drei Möhren da. Die Marktfrau freut sich, als sie mich wiedersieht. „Willst du die letzten zum Abendessen?", fragt sie ohne Worte und führt ihre Hand mehrfach zum Mund.

Sie legt den Kopf schief und sieht mich fragend an, so von unten herauf, mit einem sehr charmanten Lächeln. Was bleibt mir anderes übrig? Als ich nicke, dreht sie fröhlich ein Stück Zeitungspapier zu einer kleinen spitzen Tüte, steckt die letzten Möhren hinein, faltet die Tüte sorgfältig zu, steht auf und überreicht sie mir mit einer kleinen Verbeugung. Als sie mein Kleingeld nachgezählt hat, muss sie alles, was gerade passiert ist, natürlich den anderen Marktfrauen sofort erzählen. Sicher ist: Sie hat heute sehr gute Geschäfte gemacht. Alles ist verkauft!

Als ich später die drei kleinen Möhren abgeschabt und gegessen habe, sammle ich die Reste. Bevor ich sie aus dem Fenster werfe, halte ich sie noch einen Augenblick in der hohlen Hand. An die Ziege hätte ich sie gern verfüttert. Eine Familie in Orcha wird jetzt beim Festessen sitzen. Vielleicht hat sie Nachbarn und Freunde dazu eingeladen. Sie werden sich das Fleisch der Ziege schmecken lassen.

Das Gekröse ist längst von der Tempelmauer weggebracht worden und der Platz mit Wasser und Besen gereinigt.

Die Frau mit den Möhren wird ihrem Mann von einem Glückstag erzählen. „Alles habe ich verkauft."

Morgen ist ein neuer Tag mit Ziegen, die an der Tempelmauer warten, bis sie verkauft werden, und Möhren auf einer Matte aus Bast. Ich bin dann schon unterwegs.

Wie schön, eine Maus

Wer hätte nicht gerne um Mitternacht in seinem Zimmer ein kleines lebendiges wunderschönes Tier mit rosarotem Schwanz und zarten Pfoten? Ein Mäuschen, das leider verzweifelt nach einem Fluchtweg sucht. Ich bin in dieses Zimmer, das in den letzten Tagen nur der Maus gehörte, eben erst eingezogen. Immer wieder husch das hübsche Tier zwischen Schrank, Kommode und Bett hin und her, läuft aufgeregt die Wände entlang und findet kein Loch, kein Fenster oder eine Tür, wo es hinausschlüpfen könnte. Jetzt hockt es im Badezimmer. Da gibt es keinen Ausweg, solange ich hier auf meinem Bett sitze. Längst habe ich die Tür meines Zimmers weit geöffnet. Warum rennt sie nicht hinaus? Sie ist nervös. Wer nervös ist, kann nicht klar denken.

Ich sehe mir diese ständige Flucht des hübschen Mäuschens eine Weile an, gehe dann zum Pächter des kleinen Hotels in Orcha, der auf dem Sofa in seiner Rezeption eingenickt ist. Vielleicht kennt er einen Trick. Er will mir sofort ein anderes Zimmer anbieten, stellt aber fest, dass alle seine Betten belegt sind. Aus einem Schrank holt er, jetzt ist er ganz wach, zwei Handtücher und bittet mich ihm zu helfen. So bewaffnet durchsuchen wir das Bad. Keine Maus. In meinem Zimmer rührt sich auch nichts. Ist sie schon durch die Zimmertür geflüchtet? Mein Wirt will es genau wissen. Er schaltet das Deckenlicht aus und bittet mich einen Augenblick ganz still zu sein. Jetzt gibt es nur noch gedämpftes Licht aus dem Bad. Wir sitzen und warten. Mein Wirt schnarcht. Auch ich bin müde. Das ist doch alles sehr komisch, denke ich, und muss mich über mich selbst wundern.

Plötzlich ein Knistern, eine Bewegung. Drei Mäuschen sitzen auf meiner Reisetasche. Sie haben ein Loch in eine Plastiktüte mit Rosinen genagt, die ich immer für längere Zugreisen dabei habe, und verschlingen die getrockneten Beeren. Ich finde, das ist ein wunderschönes friedvolles Bild, das ich nicht stören möchte. Mein Wirt war auf seinem Stuhl eingeschlafen. Jetzt wacht er auf und schlägt, als er die Tiere sieht, mit seinem Handtuch heftig auf die Tasche.

Schon beim ersten Windhauch sind die kleinen Mäuse in alle Zimmerecken entschlüpft. Verärgert steht der gro-ße starke Mann da. Er schaltet das Deckenlicht wieder ein. Keine Maus ist zu sehen. Doch, dahinten. Dort auch. Mein Wirt schlägt in alle Ecken, um die Tiere aufzuscheuchen. Eines verschwindet durch die offene Tür. Jetzt ein zweites. Das dritte lässt sich nicht mehr blicken. Der Wirt ist wütend, aber so müde, dass er nichts dagegen hat, als ich ihn auf sein Sofa schicke und ihm sage, dass ich jetzt allein zurechtkomme. Er murrt, aber er geht. Ich lege ein paar Rosinen auf den Flur, lasse die Zimmertür einen Spalt weit geöffnet, lösche das Licht und lege mich ins Bett. Viel Spaß, kleine Maus, denke ich beim Einschlafen. Und guten Appetit.

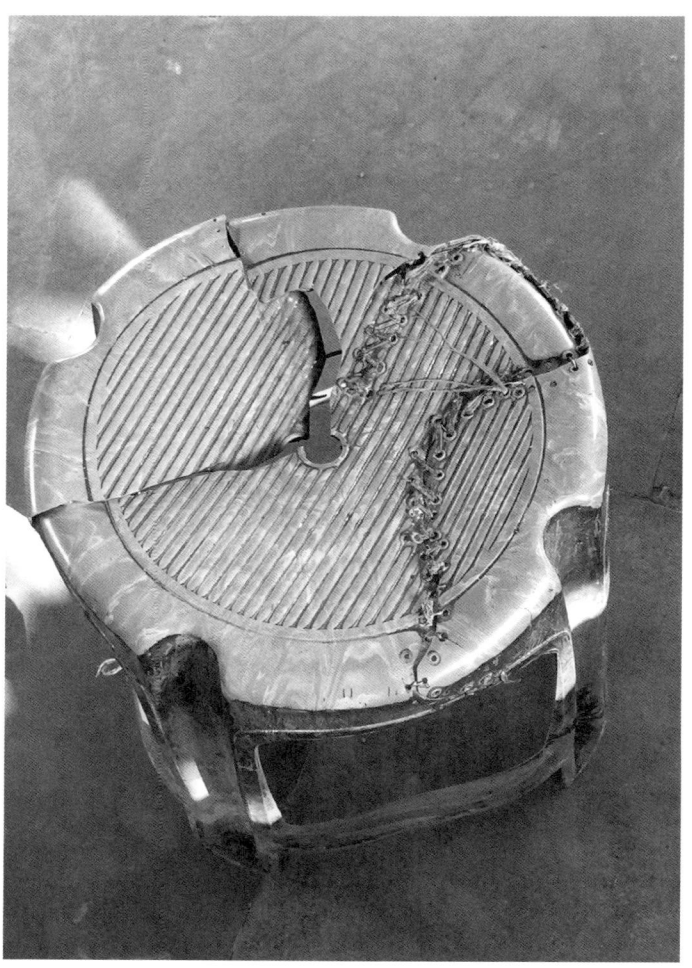

Der Hocker

Mein Zug hat Verspätung. Ich sitze auf dem Betonsockel eines Pfeilers, der die Überdachung des Bahnsteigs trägt. Ein schmaler Platz für mich zwischen jungen Soldaten, die sich gegenseitig fantastische Geschichten von gefährlichen Einsätzen an der Grenze zu Pakistan erzählen: Wie mutig sie waren bei Patrouillengängen in den Nächten und wie gelassen sie am Tag die Hitze in den Wüstengebieten ertragen. Jeder Augenblick ist gefährlich. Es kann zu Schießereien kommen. Die Soldaten reden Englisch miteinander, damit ich die Anekdoten über ihre Abenteuer verstehen kann. Sie sehen immer wieder zu mir herüber und freuen sich, wenn ich mit einem kleinen Lächeln reagiere.

Ich sitze hier, weil es besser ist, wenn ein Alleinreisender sich auf Bahnhöfen in Indien neben eine Gruppe setzt, zu einer Familie oder zu Menschen, die sich schon angefreundet haben. Da passt jeder auf das Gepäck der anderen auf. Da kommt nichts weg. Ich versuche zu lesen. Das geht nicht. Der Lärm von vielen hundert Menschen auf Koffern und Säcken, Bänken und auf dem nackten Boden ist ohrenbetäubend. Ich beobachte, was sich zwischen den Gleisen abspielt: die zerlumpten Bettelkinder, die miteinander raufen, sich an den Haaren ziehen, herumschreien und manchmal eine

Mandarine vom Obststand gegenüber mitgehen lassen. Die Gurus mit Pilgerstöcken und langen Bärten, die mit untergeschlagenen Beinen auf Bänken sitzen und sich gegenseitig neue Muster auf ihre Gesichter malen. Auch sehe ich die Gepäckstücke der Mitreisenden: weiße vollgestopfte Plastiksäcke, zusammengerollte Teppiche mit Bindfäden verschnürt, Decken und Kissen, Käfige mit Tieren und manche halb geöffnete Tasche, mit Esssachen gefüllt, die in Beuteln und Säckchen oder auch in Metall- oder Plastikdosen aufbewahrt werden. Überall wird ständig etwas gegessen oder getrunken, gelutscht oder ausdauernd gekaut. Immer wenn ein Zug einfährt, springen Reisende ab, bevor er hält, und stürmen die Stände mit Obst und Backwaren, Säften und Wasserflaschen.

So kommt der Händler, der neben mir steht, nicht dazu, sich auf seinen Hocker zu setzen, auf dem ein gefalteter Pappkartonfetzen liegt, um einen Augenblick auszuruhen. Erst wenn der Zug sich wieder in Bewegung setzt, dann erst springen viele Reisende auf. Ein hastiges Gerenne und Gedränge. Das dauert so lange, bis alle, die noch in den Türen hängen, sich nach und nach in die Wagen hineingeschoben haben. Das ist immer so und ich vermute, das fällt nur einem Fremden auf. Güterzüge, die durchfahren, machen einen höllischen Lärm.

Niemand stört das.

Mein Zug hat jetzt zwei Stunden Verspätung. Die Soldaten neben mir vertreten sich die Beine. Einer passt immer auf das Gepäck auf. Jetzt auch auf meinen Reisesack. So kann ich bis zum Bahnsteigende laufen. Es tut gut, sich etwas zu bewegen. Dauerdurchsagen überdröhnen alle Geräusche mit Hinweisen auf Gleiswechsel, Verspätungen, Ankündigungen über Ankunft und Abfahrt. Manches stimmt. Vieles nicht. Unser Zug wurde schon mehrfach angekündigt und später immer wieder als verspätet gemeldet.

Als ich zu meinem Pfeiler zurückkomme, räumt der Soldat seinen Beutel beiseite. Er hat meinen Platz für mich gehütet. Ich danke ihm und frage, ob er wisse, wann unser Zug endlich kommt. Er lacht. Hab doch Geduld, meint er. Alle Züge sind immer irgendwann einmal angekommen. So sitzen wir wieder lange schweigsam nebeneinander. Jetzt sind es fast vier Stunden, die unser Zug verspätet ist.

Plötzlich fällt mir auf, dass das gefaltete flach gesessene Kartonstück auf dem Hocker des Obst- und Wasserverkäufers verschwunden ist. Vielleicht konnte jemand den Fetzen brauchen oder er ist durch einen Windstoß davongeflogen. Der Hocker steht jetzt nackt neben mir. Merkwürdig fremd. Braun-rötlich. Glatt. Verfärbt. Von Wunden übersät und von langen Nähten zusammengehalten. Ein einfacher Hocker aus Kunststoff, der einmal mit anderen Hockern stapelbar war. Jetzt steht er da, allein, mit einem Antirutschmuster auf seiner Oberfläche und einem Greifloch. Mit vielen Knoten werden die Teile notdürftig zusammengehalten. Es sieht aus, als sei der alte Hocker festlich geschmückt. Er könnte etwa 46 Zentimeter hoch sein, eine indische Sitzhöhe. Mit einer Ösenzange hat ein Handwerker oder wer auch immer Hohlnieten, Ösen, wie es auf Englisch heißt „Eyelets-Augen" hineingezwickt und wie ein Korsett auf dem Rücken einer Frau die Stücke mit Schnüren zusammengebunden. Bisher haben sie den Hocker zusammengehalten. Jetzt aber müssten dringend neue Augen an den Rändern der zwei Risse gebohrt werden, sonst fällt das ganze Stuhlgebäude in sich zusammen. Ich verstehe jetzt, warum der gefaltete Karton auf dem Hocker lag. Das Gebilde ist so fragil, das es den, der sich auf ihn setzt, mit seinen scharfen Kanten in den Hintern zwickt. Wer hat sich die Mühe gemacht, diesen einfachen Kunststoffhocker zu reparieren? Nicht nur einmal. Immer wieder? Sollten die Teile nicht längst zum Abfall geworfen werden? Ist ein neuer Hocker so teuer, dass diese sorgfältige Reparatur sich lohnt? Hat schon der Vater des Obstverkäufers auf diesem Hocker gesessen und ist er deshalb dem Sohn so viel wert, dass er ihn reparieren ließ?

Ich bin fasziniert von diesem Kunstwerk, das eigentlich nur ein Hocker ist, jetzt aber wie ein Verwundeter aussieht, den Ärzte immer wieder zusammengeflickt haben. Ein alter Soldat nach vielen Schlachten. Er sieht aus, als sei er stolz auf seine Risse und Schmisse, seine Narben und Nähte, der alte Dummkopf.

Ich habe es nicht bemerkt. Mein Zug ist eingefahren. Die Soldaten haben meinen Reisesack schon zum Abteil geschleppt. Ich stolpere hinter ihnen her, denn immer wieder muss ich mich noch einmal umsehen.

Der Beter

Ein Moslem im langen weißen Gewand und gehäkelter Gebetskappe ist mit seinem Sohn in Faridabad zugestiegen. Beide schlafen jetzt gemeinsam in einem Oberbett. Das hängt dicht unter der Decke des Abteils. Alle Schläfer werden immer ein wenig hin und her geschüttelt. Das sieht aus, als schliefen sie unruhig. Es sind aber nur die Stöße, die sich von den Schienen auf die Wagen und auf die Betten übertragen. Alle schlafen tief. Plötzlich aber ist der Moslem aufgewacht und die Leiter herabgestiegen. Als sei es an der Zeit.

Sein kleiner Sohn schläft weiter.

Auf dem Unterbett sitzen, liegen und kauern mit untergeschlagenen Beinen seit vielen Stunden fünf Mitreisende, die sich leise unterhalten. Jetzt fragt der Moslem etwas. Er beugt sich zu ihnen hinunter. Alle fünf sortieren sofort ihre ineinander verschränkten Beine und Arme und stehen auf. Sie warten jetzt im Gang. Der Moslem dankt ihnen mit einem Kopfnicken und kniet sich auf das untere Bett, beugt sich vor und richtet den Oberkörper wieder auf. Er betet. Richtung Mekka. Gegen die Fahrtrichtung. Sein Gebet dauert. Die Mitreisenden warten im Gang. Sein Sohn schläft. Endlich ist sein Gebet beendet. Er bedankt sich mit einem kleinen Nicken des Kopfes. Er steigt wieder in sein Bett hinauf.

Die anderen fünf Reisenden setzen sich wieder und richten sich mit ihren Beinen, Armen und Rücken auf dem schmalen Bett ein. Es sind Hindus.

Ich sitze in meiner Ecke und denke darüber nach, wie es in Europa wäre. Und warum nicht.

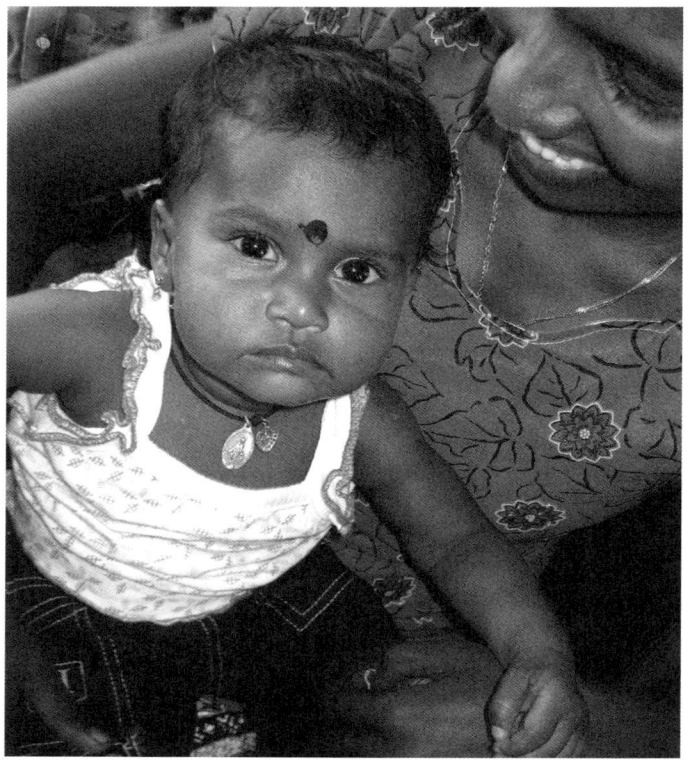

Mutter und Sohn

Der kleine Sohn umarmt seine Mutter,
presst sein Gesicht auf ihre Brüste,
drückt sein mageres Knie zwischen ihre Schenkel,
als wolle er in sie hineinkriechen.
Die Mutter atmet tief ein,
streichelt ihrem Sohn über den Kopf,
den Rücken, das Gesäß.
Das Kind rekelt sich zurecht und schläft ein.
Die Mutter atmet langsam aus.
Indische Mitreisende sitzen dem Paar gegenüber
und sehen zu. Sie kennen dieses Spiel.
Niemand findet etwas dabei.
Nur Europäer blicken irgendwohin
und reiben ihre Nasen.

Schlammspüler

Noch bin ich nicht ganz wach. Mein Zug aus Gwalior hatte gestern Nacht viele Stunden Verspätung. Im Morgengrauen bin ich aber doch aufgestanden, weil jetzt im Frühlicht, das weiß ich, diese Flusslandschaft mit ihren Abertausend Stufen besonders schön ist. Gern hätte ich das Ufer des Ganges für eine Stunde für mich allein gehabt, aber ein alter Mann mit verschmitzt lächelnden Augen in seinem verwitterten Gesicht und vor Anstrengung halb geöffnetem Mund schlurft mir über die Stufen von oben herab entgegen. Er spricht mich auf den Treppen der Ghats von Varanasi höflich an, dann aber, er steht etwas höher als ich, redet er energisch auf mich ein. Er will mir die Verbrennungsplätze zeigen und natürlich, wie er sagt, viele Geheimnisse des alten Benares verraten, die außer ihm niemand kennt. Als ich ihm freundlich sage, dass ich lieber allein bleiben möchte, meint er nur: kein Problem. Wir kommen allein und wir gehen allein.

Er wendet sich um und schlurft davon.

Ist das eine Antwort, die er bewusst einsetzt, um Kunden von seiner besonderen Qualität als Fremdenführer zu überzeugen? Plötzlich interessiert mich der Mann. Ich laufe ihm nach. Wir kommen ins Gespräch. Was für mich ungewohnt ist: Nicht ich frage ihn, er fragt mich aus über das, was ich schon über die heilige Stadt am Ganges weiß. „Den Shitala-Schrein, kennst du den? Was weißt du über das ‚Zehn-Pferde-Opfer‘ des Königs Divodasa? Die Doms, die unberührbaren Totenwärter, hast du wohl schon gesehen. Auch den Durga-Tempel mit den frechen Affen oder die Elefantensänften im Ramnagar Fort bei der großen Pontonbrücke, warst du schon dort?"

Meine Antworten begleitet er mit einem Kopfnicken und einem sanften Lächeln. So, als wolle er sagen: Du hast ja keine Ahnung.

Er schätzt mich richtig ein. Ich glaube vieles zu wissen und weiß fast nichts.

Du kennst, was nicht jeder kennt, lobt mein Fremdenführer mich mit einem leicht spöttischen Unterton, fragt aber dann ernst und sehr direkt: Verstehst du, wie das eine mit dem anderen zusammenhängt? Er richtet sich auf, als sei er jetzt mein Lehrer:

„Ich könnte dir etwas zeigen", meint er und flüstert fast, „etwas, was noch niemand, auch ich selbst noch nie gesehen habe. Seit vielen hundert Jahren ist es schon verborgen."

Der alte Mann will, dass ich ihn als Fremdenführer für einen Tag miete. Ich verstehe das. Das ist sein Beruf. Aber mit solch lockeren Sprüchen über Unbekanntes, das er selbst nicht kennt, kann er mich nicht locken. Oder? Gut, sage ich endlich lachend, ich bezahle dich für eine Stunde. Wenn du mir jetzt etwas Besonderes in Benares zeigst, was seit hundert Jahren niemand gesehen hat, dann bezahle ich dich für einen ganzen Tag.

„Komm", sagt mein Führer nur.

Er steigt über die Stufen am Ganges aufwärts und ab-
wärts. Ich laufe hinter ihm her. Das wird noch lustig. Wir gehen vorbei an Verbrennungsplätzen: es trommelt, leuchtet,
flackert, qualmt, riecht und duftet. Auf dem Fluss tuckern
Boote vorüber. Schon sind die ersten Touristen unterwegs.
Es wird am Ufer gesungen, gebettelt, Wäsche gewaschen und
Möwen werden gefüttert. Jetzt stehen wir über einer kleinen Bucht. Dort unten im Ganges, mitten in der Stadt, liegen flache Boote, auf denen urtümliche Dieselaggregate mit
unglaublichem Lärm Wasser ansaugen. Mehr als armdicke
Schläuche hängen hinunter in den Fluss, andere schlängeln
sich zuckend hoch hinauf über das Ufer. Aus vier Rohren don-
nert ein scharfer Strahl gegen alte Erdschichten, die auf den
Stufen der Ghats festgebacken sind. Es explodieren Müll-
schichten und Dreckwasser spritzt in alle Richtungen. Zwei
Männer, die Schlammspüler, müssen ihre Rohre sehr fest
halten. So stark ist der Druck. Eine braungraue Flut wälzt
sich zum Fluss hinab. Der verschlingt alles. Doch unter dem
Schlamm erscheinen plötzlich Konturen. Stufen, Sockel, Or-
namente, Inschriften. Ein Wunder.

Ich weiß nicht, was mich mehr fasziniert, dieser Erdstrom,
der zum Fluss hinunterströmt, die Wasserfontänen, die aus
den undichten Schläuchen wie eine Gischt über das Ufer
wehen, oder die immer neuen Konturen, die lange von Sand
und Erde, dem Müll und Kuhdung verdeckt waren und jetzt
unter dem harten Strahl plötzlich sichtbar werden. Dieses
verdreckte kleine Tal gewinnt langsam eine neue Form, die

niemand bisher gesehen hat. Wir steigen aufs höchste Ufer hinauf, um den Wasserkanonen zu entgehen. Es gelingt nicht immer.

Später höre ich, dass nicht nur alle hundert Jahre die Stufen von Müll, Sand und Erde befreit werden, aber mein neuer Freund, der mir noch viele Geheimnisse zeigen will, meint, ich solle es doch nicht zu genau nehmen. Ein Wunder müsse ich akzeptieren, so, wie es sich gerade zeige. Da nütze es nichts, dass ich mit meinem europäischen Verstand verstehen wolle, warum ein Wunder ein Wunder sei. Hier am Ganges könne ich noch vieles lernen. Besonders von ihm.

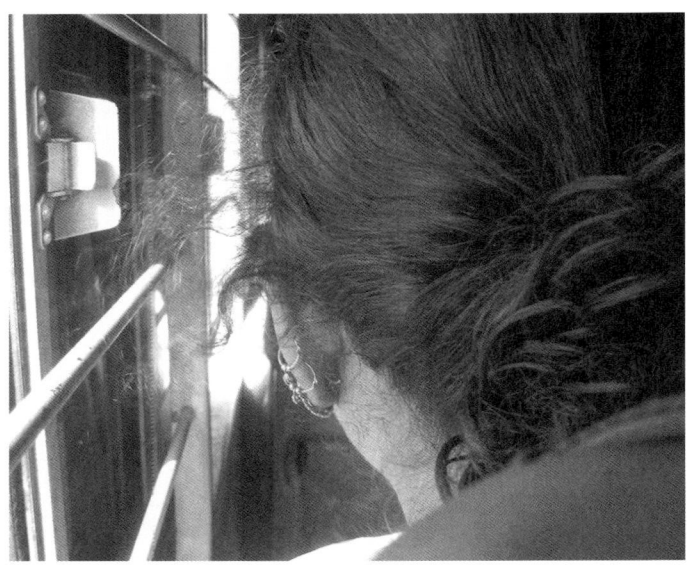

Aus dem Augenwinkel

Sie ist ein vergoldeter Schmetterling, die junge Ehefrau. Sie hat sich mit Ringen, Steinchen, Kettchen um die Füßchen, Kettchen um die Arme und Kettchen um den Hals herausgeputzt. Dazu gehören auch ein paar verführerische blaue Schatten über den Augen und blassrosa Wangen. Ihr Mund ist leuchtend rot zu einem Mündchen geschminkt.

Immer will sie die Hände ihres frisch gebackenen Ehemannes halten, ihn massieren, ihr Köpfchen an seine Schultern legen, ihn ansehen, ihm etwas erzählen, auf sich aufmerksam machen.

Ihr Mann ist sehr freundlich zu ihr. Nichts – wenn er zu mir herüberblickt – lässt ahnen, dass er diese Zärtlichkeiten kaum erträgt.

Nur an seiner linken Hand, die locker über die Lehne der Bank herabhängt, erkenne ich, dass ihn so viel gespielte Nähe schmerzt.

Drei Frauen

In den Ställen des Palastes, sie gehören zur ehemaligen Residenz der Maharadschas von Varanasi, stehen elegante Landauer, silberne Kutschen und Equipagen, ein verstaubter Cadillac aus Detroit neben bunt bemalten Holzpferdchen eines Karussells.

Die Schiebetüren der Frauensänfte hängen schräg, ihr eigenes Gewicht hat sie mit den Jahren immer weiter hinabgedrückt. Die grünlichen abgesessenen Samtpolster sind von Wasserflecken getüpfelt, blind und verkratzt die Messingbeschläge mit den zierlich aufgesetzten Rosetten.

Die geschwungenen hölzernen Gitter in den Fenstern der Sänfte: schön sind sie. Von außen. Von innen nur roh bearbeitet. Niemand sollte sie sehen, die geschmückten Ehefrauen und Töchter in diesem schwankenden Kasten. Sie aber konnten durch die engen Gitterstäbe schemenhaft erkennen, was auf den Straßen als huschender Schatten vorüberglitt. Sie saßen auf kostbaren Polstern: federleicht jung oder altersschwer. Sechs Diener trugen die Frauensänften an langen Stangen schwankend vom Palast zum Tempel – vom Tempel zum Palast. Ich glaubte, die letzten Spuren der kostbaren Parfums, die in den Kissen hängengeblieben sind, zu riechen. Sie überdauern unter dem feinen grauen Staub, der alles überdeckt.

Für einen Augenblick schließe ich die Augen, um mir vorzustellen, welch eine Mühsal solch ein Transport mit einer Sänfte gewesen sein muss – für die Herrschaft und für die Träger. Als ich die Lider wieder öffne, sehe ich aus dem Halbdunkel hinaus in den sonnigen Innenhof. Dort schiebt sich eine Klasse von kleinen Schulmädchen an den Erinnerungsstücken der Maharadschas vorbei. Keine der Freundinnen tanzt aus der Reihe. Sie flüstern leise miteinander. Ob sie dieser Fürstenprotz interessiert?

Eben war er noch eine hübsche Einbildung, der Duft von hundertjährigem Parfum in den Kissen, plötzlich rieche ich ihn sehr deutlich. Mit einem kleinen Lachen hat sich die jüngste von drei Frauen in die alte Sänfte gesetzt, schiebt die Türen zu, und die zwei anderen tun so, als wollten sie die dritte tragen. Mich können sie nicht sehen. Ich stehe im Schatten neben dem Türflügel. Hätten die drei Frauen geahnt, dass ein Mann sie beobachtet, nichts wäre geschehen. Jetzt lachen die drei, als die Jüngste aus der Sänfte steigt, den Sari sorgfältig zurechtzupft und über die steile Stiege ins Obergeschoss hinaufhüpft. Die Älteren folgen ihr, gelassen, die Hand am Geländer. Sie wissen, was sich schickt. Welch ein Spiel mit Gesten, gerafften Gewändern und lächelnden Gesichtern.

Die Schulmädchen, alle in roten Jacken, blauen Faltenröckchen, mit weißen Schleifen und hellen Söckchen, sitzen jetzt auf Stufen und hören zu. Eine Lehrerin doziert mit knappen Gesten. Sehr diszipliniert läuft diese Geschichtsstunde „Maharadscha" ab.

Ich betrachte Wasserpfeifen aus Porzellan, Kunstblumen unter Hauben aus Glas, Darstellungen von sich pudernden Edeldamen und Uhren mit tanzenden Gauklergruppen und Fiedlern.

Thronsessel und Lanzen, Vogelkäfige und blaue Pfaue. Pistolen, Gewehre, Bögen und Schwerter, Säbel, Pulverhörner und allerlei Gerät zum Aufspießen. Hier werde ich den drei Frauen nicht wieder begegnen. Vorbei an Gasmasken aus dem Ersten Weltkrieg, Elefantengewehren, Rüstungen, Ehrendolchen und Spazierstöcken. Erschöpft setze ich mich in der Abteilung Elfenbein in eine Nische.

Kommen sie hier vorbei?

Dolche mit Elfenbeingriffen, Vitrinen mit Aufmärschen von Potentaten. Elefanten unter Elfenbeinbäumen, aber auch Rückenkratzstäbchen, zierliche Kämme, Scheren aus Elfenbein, Kettchen und Nadeln.

Das könnte sie interessieren.

Ich warte.

Sie kommen nicht.

Später gehe ich eine Freitreppe halb hinab. Da sehe ich sie wieder, vorgebeugt zu den vergilbten Fotografien der Herrschaft: Maharadschas, die auf Polsterstühlen in Gärten mit edlen Damen soupieren, die Frauen in Seidenroben gehüllt und mit breitkrempigen Blumenhüten geschmückt. Hätte ich mir diese Fotos angesehen?

Über den Bildern ausgestopfte Krokodile, Tigerfelle – darunter Elefantenfüße als Papierkörbe und Bänke aus Geweihstangen.

Die drei Frauen richten sich auf, lachen, zupfen sich wieder ihre Saris zurecht und fühlen sich jetzt wie die Damen bei Hofe.

Die Schlange der kleinen Schulmädchen schiebt sich durch die Halle. Sie flüstern nicht mehr miteinander. Zu viele Dinge, Erklärungen, Kommentare.

Die drei Frauen sind jetzt – das kann nur in einem Märchen so sein – wie weggezaubert. Ich weiß nicht, wohin.

Es gibt in dieser Halle sieben Tore und sieben Türen.

Später sitze ich im Hof auf einer Bank neben einem Elefanten aus Stein. Er ist geschmückt mit einem Tuch auf dem Kopf und einem Sattel. Um seinen Rüssel geschlungen eine Kette mit großer Glocke.

Ich sehe in die Sonne. Ich bin müde.

Die drei Frauen schreiten in ihren farbigen Gewändern dort ganz hinten über den Hof.

Ich sehe es genau.

Eigentlich wollte ich ihnen nachgehen.

Der Duft, den du hörst

„Vor vielen tausend Jahren", sagt der schmächtige Guru, richtet sich auf und tastet mit einer Hand und spielenden Fingern in die Luft, als könne er alte Gemäuer, Gesimse und Pfeiler berühren, „vor vielen tausend Jahren stand hier ein mächtiger, in der Sonne glänzender goldener Tempel. Seine Steine stecken noch tief unter uns im Sand. Ein mächtiger Strom, ein uralter Brahmaputra oder Jamuna, hat Millionen kleiner Körner über ihn gespült, damit ihn keiner mehr sieht. Die Wellen haben den heiligen Tempel verhüllt, niemand soll ihn in diesen verwirrten Zeiten berühren. Wenn du sehr lange schweigst und nachts genau hinhörst, kannst du die alten Steine unter dir miteinander reden hören. Du hörst auch das Wasser, das schon lange nicht mehr fließt, die Sprache der Wellen, die gegeneinanderschlagen, als hätten sie sich etwas Lustiges zu erzählen.

Der Guru mit dem grauweißen Bart und verfilzten, hochgesteckten Haaren ist ein fröhlicher Mann. Er hat sein Leben lang Gesang und Tanz unterrichtet. Jetzt aber, im Alter blind geworden, bewacht er auf einem kleinen sandigen Platz am Ortsrand von Panari, nördlich vom Pilgerzentrum Bodhgaya, Pflanzen. An der Art meiner Schritte hat er sofort erkannt, dass ich ein Fremder bin und mich zu sich gewunken, hat mich aufgefordert mich zu setzen, indem er mit der flachen Hand ein paar Mal kräftig auf den Boden schlug. Jetzt sitze ich ihm gegenüber und sehe in seine milchgrauen Augen mit den geröteten Lidern. Er muss sich oft über die Wimpern wischen, die wie seine Kopfhaut vom Grind, einem Wundschorf, überwachsen sind. Nur seine Hände und Arme sind seltsam rosaweiß, als sei da aller Schmutz und Ausschlag abgefallen und eine neue sanftweiche Haut nachgewachsen.

Die Pflanzen, die er pflege und bewache, erklärt er mir, seien alle der Göttin Lakshmi geweiht, der Göttin der Schönheit, des Wohlstands und des Glücks, einer Göttin, die in einem Ozean aus Milch geboren wurde. Sie sei die Beschützerin seiner Pflanzen, die einmal in Tempeln auf der ganzen Welt weiterwachsen und verehrt werden sollen.

Die ältere Schwester von Lakshmi, Alakshmi, die Göttin des Unglücks, sei hässlich, reite auf einem Esel und habe zwei Söhne, den Schlamm und den Dünger. So seien das Glück und das Unglück sehr nah verwandt und das eine immer da, wo das andere sei. Das müsse ich wissen und in meinen Kopf hineinschreiben. Wieder tastet er in die Luft. Seine Tulsipflanzen, das ist Basilikum, duften zu uns herüber. Das Kraut ist verwandt mit Thymian, Lavendel und Salbei, alles Lippenblütler, die in Tontöpfen, aufgeschnittenen Ölkanistern und verbeulten Blechwannen um ihn herumstehen. Ein Junge hat die Pflanzen eben gewässert. Im Sand, auf dem wir sitzen, könnten sie nicht gedeihen. Auch verliefe sich das Wasser rasch und versickere im Boden.

„Ja", sagt der Guru und streicht sich über die schorfige Stirn, „der Ozean aus Milch hat Lakshmi eine Krone aus Blumen geschenkt, die niemals verwelken. Das wäre auch etwas für mich." Er lacht und kichert in sich hinein. Die Bewohner des Ortes, die neugierig um uns herumstehen, stimmen in sein Lachen ein und hocken oder knien sich neben uns. „Wenn du Fieber hast oder schwache Nerven, wenn deine Haut aufgerissen ist oder eine Wunde nicht heilt, dann hilft dir Tulsi. Wenn dein Magen verstopft ist, bei Blähungen und stinkigen Winden, dann nützt es auch. Wärest du eine Frau, dann hülfe es dir bei deiner Menstruation und ließe dir, wenn du ein Kind geboren hast, die Milch in die Brüste schießen." Jetzt lacht der ganze Kreis der Zuhörer. Besonders die kleinen Jungen stoßen sich an und finden die Beispiele des Alten überaus komisch. „Eine Tasse Tulsitee nach dem Essen macht dich glücklich", meint er, „auch wenn du nichts zu essen hast. Dann isst du eben Tulsi."

Ein paar Blätter will er mir schenken, verkaufen wolle er sie aber nicht. Auch wenn er ein sehr armer und kranker Mann sei, sagt er mit einem Lächeln, „verkaufen sollst du nichts, was heilig ist."

„Hast du noch einen Vater?", fragt er unvermittelt. Er wartet meine Antwort nicht ab. „Wenn er stirbt, leg ihm ein paar Blätter unter die Zunge. Dann stirbt er leicht und er stirbt glücklich."

Plötzlich verstummt er. Vielleicht, weil er denkt, dass er selbst ein alter Mann ist. Er schweigt lange. Er meditiert. Die um uns herumhocken, erheben sich und gehen leise davon.

Ob ich das auch tun sollte? Gerade will ich aufstehen, da öffnet er seine Augen und sieht mich an. Er kann mich nicht sehen und sieht mich doch.

„Ja", sagt er leise, „jetzt sind wir allein. Jetzt kann ich dich besser verstehen."

In der letzten Stunde habe ich kaum ein Wort gesprochen. Ich möchte ihm zuhören, seine harten englischen Satzbrocken, die mich mit ihrem rhythmischen Singsangklang an Rituale in meiner Kindheit erinnern, verstehen lernen: eine Predigt oder eine kleine Andacht? Der Duft des Basilikums, der uns umweht, erinnert mich an Weihrauch, an meine Kindheit. Die ätherischen Öle, Menthol, basilischer Kampfer, Cineol lassen mich auf meinem Sandhügel zwischen den Pflanzen leichter atmen. Meine Schultern, die ich lange hochgezogen hielt, fallen herunter. Erst jetzt merke ich, wie angespannt ich war. Der Guru lächelt über sein faltiges Gesicht. Er erzählt mir über männliche und weibliche Pflanzen und über ihre geistigen und seelischen Verschiedenheiten. Nur weibliche Pflanzen bekämen Blütenköpfe. Ein Haar wachse aus einer kleinen Kugel in der Blattachsel heraus. Spricht er über indischen Hanf, den er vielleicht auch in seinen Töpfen anbaut? Ich verstehe kaum, was er sagt und meint. Ich träume vor mich hin. Basilikum sei ein Lichtkeimer, sagt er. Die Samen dürften nicht mit Erde bedeckt werden. Basilikum sei die Pflanze der Sonne. Wer sanft seine Hände über sie halte, sie streichele, ohne sie zu berühren, wer mit ihr leise rede, dem gäbe sie Antwort. „Dann kannst du ihren Duft hören, wenn sie nach Tagen oder Wochen erwachsen sind und eine Stimme haben." „Jede Pflanze spricht zu dir, wenn du bereit bist, sie anzuhören. Sie spricht mit ihrem Duft, ja, sie schmiegt sich an dich, dringt in dich ein, in deine Haut, in deinen Mund, die Nase, die Ohren. Du hörst sie duften und siehst den Duft in vielen Farben. Ich bin blind, aber ich kann die Farben riechen. Du kannst das auch, wenn du nur willst."

Später am Abend, bevor er sich unter einem verschlissenen Tuch zwischen den Töpfen seiner „Nursery", wie er es nennt, zum Schlafen zurechtlegt, hat er mir eine kleine Malakette aus weichen Tulsisamen um das Handgelenk gebunden. Er habe sie selbst auf den roten Faden gezogen. Zur Erinnerung, sagt er, und weil ich ein Fremder sei, der ihm zuhöre. Das sei nicht immer so, weil Fremde oft alle Antworten schon auf der Zunge trügen und ihre Ohren nur dazu da seien, sich selbst zu hören. Ihre Nasen könnten deshalb die Sprache der Pflanzen nicht verstehen. Bei mir, meint er und lacht, sähe er immerhin eine kleine Chance.

Hinkende Hunde

Sie sind verletzt, räudig im Fell und ängstlich. Sie lungern herum, jagen sich und werden verjagt, mit Fußtritten vertrieben, mit leeren Flaschen beworfen, mit Wasser überschüttet, mit Bambusbesen gestochen. Sie jaulen auf, winseln, stöhnen und rennen davon. Doch rasch sind sie wieder zurück, hocken sich in Ecken, kratzen an Türen und wollen bleiben. Jeder Hund hat seine Heimat. Ein Bündel neugeborener Welpen schmiegt sich aneinander, wird geleckt und findet die Zitzen der Mutter rasch. Die Winzlinge werden die ersetzen, die auf den Straßen überfahren werden, zwischen Müllbergen krepieren oder vor Wut erschlagen wurden, weil sie es wagten zu heulen und ihre Ängste in die Nacht zu schreien. Mit Indern über Hunde zu reden ist mühsam und führt nur zu Streit. In einem Land, in dem Hühner gebündelt an ihren Beinen kopfüber an Fahrradlenkstangen transportiert werden, ist ein Hund nichts wert. Ihn kann man nicht einmal essen. In den Bergen sind vielleicht Hütehunde nützlich, Kettenhunde brauchbar, aber Straßenhunde? Die mageren Tiere mit Krätze-, Saug- oder Raubmilben im Fell und kahler, abgewetzter Haut nähren sich von Abfällen. Sie schlingen alles in sich hinein, erbrechen, kotzen Blut und verrecken mit aufgeblähten Bäuchen. Ein Hundeleben. Nichts unterscheidet sie von Menschen, die obdachlos sind, zusammengepfercht in Hütten an stinkenden Abwasserkanälen oder unter den staubgrauen Planen am Straßenrand.

Ein paar Dutzend Köter liegen heute auf dem New Market zusammengekauert auf Lappen, Zeitungen und unter den Karren der Tagelöhner. Das Fell der Hunde ist verkrustet, ihre Beine zum Leib gekrümmt. Daneben unter den Planen: Familien, Kinder und Greise. Da legt sich ein Hund gern dazu.

Billige Gegend

In der Mittagshitze hat er sich zu jungen Männern auf einen Steinhaufen vor dem Tempel gesetzt. Auf Steine, die vor Jahren aus einer Mauer im Vorhof herausgebrochen wurden und längst hätten wieder eingefügt werden sollen. Hier sitzen die Jungen. Gegen Abend vor allem. Von hier aus sehen sie sofort, was auf dem Marktplatz los ist. Wer nicht zur Schule geht und arbeitslos ist, sitzt oft einen halben Tag auf den Steinen. Oder länger. Die meisten sind arbeitslos. Keiner geht zur Schule. Erst haben sie sich von ihm abgewendet und wollten nichts mit dem Fremden zu tun haben. Aber wer lange genug dasitzt und schweigt, der gehört irgendwann dazu. Jetzt reden sie mit ihm, etwas maulfaul, aber immerhin. Die Halbwüchsigen stammen alle von hier, aus dieser Straße. Sie sind etwas kindlich lustig, üben ihr Englisch und finden mich, denkt er, irgendwie in Ordnung.

In den Fenstern gegenüber, vom Erdgeschoss bis hinauf zum dritten Stock, sitzen hübsch frisierte junge Mädchen, die auf Freier warten. Die älteren Huren stehen oder sitzen in Gruppen vor den Hauseingängen. Jeder, der zu den Jüngeren will, muss durch diese Schleuse von blumigem Parfum und alternder Haut hindurch. „Das ist eine billige Gegend", sagt der Junge, der neben ihm sitzt und sich die Fingernägel reinigt. Er ist fast noch ein Kind. Der Fremde fragt ihn, ob er auch schon da drüben war. „Nein", sagt er, „ich habe mit denen noch nichts angefangen, aber bald. Meine Schwester schafft dort an." Er pult weiter Dreck unter den Nägeln heraus. Die anderen finden das widerlich. Er lässt sich nicht stören. Ob es seine Schwester sei, die gerade herüberwinke, fragt der Fremde. Der Junge zuckt mit den Schultern und sieht nicht hinüber.

Wäschestücke hängen auf Leinen: Unterhosen, Hemden und Saris, die im leichten Wind schwingen, sich wiegen und einander umschlingen. Blau mit Rot oder Grün mit Gelb. Der Zwölfjährige, er sieht aus wie vierzehn, erzählt über das, was gegenüber abgeht. „Nichts, eigentlich", meint er. Es sei ja immer das Gleiche. Das Geschäft eben. Seine Schwester bringe Geld nach Hause. Das sei gut. Es sei sehr gut, denn er habe keinen Job. Manchmal schon als Helfer beim Eismann oder als Melonenverkäufer. Das aber nur dann, wenn andere keine Lust hätten oder krank seien, oder sie hätten etwas Besseres zu tun. Er sei eben zu jung und nicht so kräftig. Was er verdiene, davon könne niemand leben. Er nicht. Seine Familie nicht. Aber seine Schwester, die bringe Geld ins Haus. Jeden Tag. Natürlich, er weiß viel mehr als er zugibt über das, was da drüben passiert. Er kennt die Chefin, die jede junge Frau, die einem Freier nicht gehorcht, rauswirft. Mit Kondom oder ohne, das wurde nur einmal diskutiert. Der Kunde ist König. Also ohne. Basta. Jetzt drängen sich auch die anderen Jungen hinter ihnen zusammen. Sie wollen hören, was da gesprochen wird. Sex und so. So ein Hurenhaus sei doch immerhin etwas, meint der Junge, das es nicht überall gäbe. Da gingen viele Fremde hin, gut angezogen. Da rieche jeder das Geld, und die polierten Schuhe, so schwarz mit weißem Leder, die hätte er auch gerne. Die nackten Füße der Jungen stecken in Plastiksandalen, die jeder locker auf den Zehen wippen lässt, bis sie abstürzen und im Steinhaufen verschwinden. Die schweren alten Steine sind nicht zu bewegen. So müssen mit Stöcken und Drähten die Schuhe mühsam herausgeangelt werden. Aber das bringt immerhin etwas Spaß und Abwechslung. Einer will dem Fremden etwas „Zeug" verkaufen. Es sieht aus wie krümeliger Tabak und riecht auch so. Es soll high machen. Als er sagt, dass er nicht raucht, meint der Junge, er könne es auch kauen, da wirke es noch besser. Er habe es selbst probiert. Bevor der Fremde ihm antworten kann, sind die Jungen plötzlich aufgesprungen und weichen jetzt, manche rückwärts über Steine stolpernd, bis zu einer Mauer zurück. Erst als zwei kräftige Männer in Uniform vor ihm stehen, weiß er, warum. Die Männer behaupten, sie seien Polizisten und für die Sicherheit im Viertel verantwortlich, verlangen von ihm seinen Ausweis und dass er sofort aufzustehen habe. Der Fremde kennt indische Polizeiuniformen. Diese Fantasiekostüme gehören nicht dazu. Polizisten waren in Indien zu ihm, dem Ausländer, immer höflich, ja fast unterwürfig, wenn auch mancher die Hand aufhielt und meinte, gleich werde man ihn, für ein paar Rupien versteht sich, wieder in Ruhe lassen. Der Fremde bleibt ruhig sitzen und kramt nicht in seiner Tasche nach dem Pass, denn das könnte missverstanden werden. Es gibt das Gerücht, dass Ausländer bewaffnet seien. Und jemand, der in seiner Tasche nach einer Waffe sucht, dem muss man doch zuvorkommen. Das wird oft als Begründung benutzt, wenn jemand zusammengeschlagen wurde.

Was kann er tun? Lässt er sich provozieren oder bleibt er gelassen? Die Männer, die sich als Polizisten ausgeben, sind leicht irritiert, als er sein Bein anwinkelt, eine Sandale auszieht und seine Zehen massiert. Er weiß, weglaufen hilft nichts, Angst zeigen erst recht nicht. Nur Gelassenheit wird akzeptiert und irgendwie bewundert. Die Männer sind einen kleinen Augenblick ratlos, weil ihre Drohgebärde nichts bewirkt. Der Fremde sieht zu ihnen hinauf. Ernst, ohne ein Lächeln, das sie provozieren könnte. Sie blicken zu ihm herab. Der Junge mit der Schwester im Hurenhaus sitzt plötzlich wieder neben ihm. Die Männer kennen ihn. Er kennt sie. Jetzt ist er es, der den Fremden beschützt.

Warum die Männer abgezogen sind und was zwischen dem Jungen und ihnen mit ein paar Blicken ausgehandelt wurde, das weiß er nicht.

Später haben beide auf dem Steinhaufen viel gelacht und Reis mit Curry von Palmblättern in den Mund geschoben. Zumindest das war er dem Jungen und seinen Freunden schuldig.

Nachts klopft es heftig an die Tür seines Zimmers, das ihm sein neuer Freund vermittelt hat. Der Onkel von Nivas steht draußen, halb nackt wie der Schlafgast, denn die Nächte sind heiß und schwül. Sein Wirt blutet aus einer kleinen Platzwunde am Kopf. Er muss sich aufs Bett setzen und tief durchatmen. „Was ist passiert?", fragt der Fremde und sucht nach etwas Verbandsmull in seiner Reisetasche. „Nicht der Rede wert. Nur ein Kratzer. Aber der Nivas, den haben sie erwischt."

„Wo?", fragt er rasch.

„Unten im Hof."

Der Fremde stürzt die Treppe hinab. Der Hof ist voller Menschen, die stumm dastehen oder klagen, fluchen und jammern. Nivas liegt hinter einer dichten Menschenmauer, die ihn beschützen will. Er versucht es trotzdem, aber: „Da komme ich nicht durch." Schließlich setzt er sich auf Treppenstufen und lässt erschöpft das Verbandszeug fallen, das er immer noch in der Hand gehalten hat. Sofort wird es geschnappt und irgendwohin verschleppt.

Erst nach Stunden leert sich der Hof. Nivas sei in Sicherheit, er lebe, sagt einer. Was ist wirklich passiert? Keiner will ihm das sagen. Etwas Angst schwingt mit, etwas Verlegenheit und ein wenig „misch dich nicht ein". Niemand glaubt, dass es etwas mit ihm zu tun haben könnte. „Warum auch", sagen sie, „du hast ja nichts getan." Wo Nivas behandelt wird, das weiß angeblich niemand, aber alle wissen, es gehe ihm gut. Einer bestellt Grüße von ihm. Aber das ist ein lustiger Vogel, der sich oft wichtig macht. Die beiden Polizisten in ihren Fantasieuniformen schreiten vorüber, geben Anweisungen, beachten ihn aber nicht. Alles ist friedlich. Wenn er nach Nivas fragt, wundert sich jeder und meint, eigentlich sei es heute doch ein schöner Tag ...

Die Puffmutter hat ihn am nächsten Morgen nicht ins Bordell gelassen. Schon an der Tür keift sie ihn an: „Ausländer haben hier nichts zu suchen!" Erst als er Nivas erwähnt und von der Schlägerei spricht, von den Polizisten und von Nivas Schwester, mit der er reden möchte, glaubt sie, dass es vielleicht doch besser sei, das Mädchen für eine halbe Stunde „an den Fluss zu schicken", wie ein Date im Grünen genannt wird. Er müsse aber gleich bezahlen. Er zahlt.

Nivas Schwester ist ein zartes junges Mädchen mit wachen Augen, kein Kind mehr. Sie sieht ihn selbstbewusst an, wie er das bei indischen Frauen bisher nicht gesehen hat. Das wird an ihrem Beruf liegen. Ihren richtigen Namen will sie nicht nennen. „Alle sagen Maggy zu mir", meint sie und kichert. „Was willst du?" Als er etwas über Nivas wissen will und über die Polizisten, winkt sie gleich ab. „Doppelter Preis. Sonst kannst du gleich abhauen." Er zahlt noch einmal. Sie steckt die Rupien in ihr luftiges Hemd, grinst und meint: „Nivas geht's gut. Seine Fingernägel sind sauber. Genügt das?" Die Polizisten in Fantasieuniformen kennt sie nicht, aber, meint sie, jeder müsse doch sehen, wie er durchkomme. Das hier sei eben eine billige Gegend. Sie redet wie ihr Bruder. Einen Augenblick meint sie, was sie sagt. Dann versucht sie noch einmal, ihm für eine Antwort ein paar Rupien abzupressen. Jetzt spielt er nicht mehr mit. „War's das", sagt sie, „willst du noch, oder lassen wir's?" Sie wartet keine Antwort ab, hüpft und tänzelt am Fluss entlang und ist schon verschwunden.

Später trifft der Fremde noch einmal Nivas Onkel. Der will nicht sagen, wo die Familie von Nivas wohnt. Er legt nur die Hand freundlich auf seine Schulter. „Geh", sagt er. „Misch dich nicht ein. Sei froh, dass dir nichts passiert ist. Hier muss jeder sehen, wie er zurechtkommt. Aber das könnt ihr Ausländer nicht verstehen."

Blütenschweißabgasgewässerduft

Es ist vier Uhr morgens. Unter der Howrah-Brücke in Kolkata werden, wie in jeder Nacht, Blüten auf Fäden gezogen. Die süßen Düfte von Rosen, Gladiolen, Hibiskus und Lotos wehen vom Blumenmarkt herüber. Hier am armenischen Ghat am Ufer des Hooghly, einem Mündungsarm des Ganges, trainieren im Morgengrauen schwergewichtige halbnackte Ringkämpfer Liegestütze. Als seien ihre Körper federleicht, stemmen sie sich empor und lassen sich langsam wieder hinabsinken. Wieder und immer wieder. Als ich hier ankam, standen die Kämpfer betend im flachen Wasser und wuschen sich. Ich glaubte, die Kämpfe zu Ehren des Affengottes Hanuman, dem Gott mit der übermenschlichen Kraft, seien schon zu Ende: Erst wird gekämpft, dann der Körper gereinigt, sagte mir mein europäischer Kopf. Hier aber wird erst im Gebet die Seele gereinigt, dann der Körper im heiligen Wasser des Flusses gesäubert und später erst beginnen die Aufwärmübungen und endlich die Kämpfe.

Zuvor wird in einer vergitterten Halle der von den Tritten der Ringer am Vortag festgestampfte Boden aufgehackt. Eine mühselige Arbeit. Ich sehe dem, der die Hacke schwingt, lange zu. Als er einmal aufblickt und mich sieht, nickt er mir mit einem Lächeln zu. Sein Körper glänzt vor Schweiß, der sich allmählich mit Staub vermengt und wie eine graue Kruste auf der Haut klebt.

Drei ältere, magere Priester, bis auf einen kleinen Lendenschurz nackt, hocken auf den Stufen, die zum Wasser hinunterführen. Sie schwenken goldfarbene Schalen und Wedel. Sie singen mit rauen, kehligen Stimmen. Über ihnen schwebt die mächtige stählerne Brücke, die den Hooghly überspannt und die zwei Hälften von Kolkata verbindet. Auf ihr wälzt sich der niemals unterbrochene, nach Abgasen stinkende tägliche Strom der Taxis und Busse herüber und hinüber. Die Brücke leuchtet im Frühlicht. Schön, ja, elegant sieht sie aus, filigran, fast schwerelos.

Im flachen Wasser stehen viele hundert Pilger, die sich waschen, beten und eintauchen in den heiligen graubraunen schlammigen Fluss. Feuer brennen auf dem Uferschlick, manche halten ihre Hände über die Flammen.

Eine Kuh wird von einer Frau, die Curryreis auf Bananenblättern verkauft, mit den Blattresten, die sie vom Boden aufsammelt, gefüttert. Dann tippt sie auf die Stirn der Kuh, dann zwischen ihre eigenen Augen, dann wieder auf den Kopf des Tieres. Und immer so weiter.

Die Kämpfer haben ihre Aufwärmübungen beendet und schaben sich mit kleinen Holzscheiten den Schweiß vom Körper. Noch singen die Priester. Um sie haben sich Greise versammelt. Glocken werden angeschlagen. Ich sitze auf meiner Stufe weiter oben. Niemand beachtet mich.

Die Kämpfer hocken nun auf den Stufen dort unten, blicken über den Fluss und reiben sich die Finger. Ausdauernd.

Andere stolzieren herum, als gälte es, sich vor einem großen Publikum zu präsentieren. Niemand beachtet sie. Ein junger Mann läuft im Kreis, den Körper schräg nach innen gebogen. Er stampft einen perfekten Ring in den Sand.

Wieder werden Becken angeschlagen.

Jetzt sieht die Brücke aus, als sei sie aus einem gold-silbrigen Gewebe.

Zwanzig Kämpfer stehen jetzt neben der Halle.

Der Kampfplatz ist fertig aufgehackt und geharkt. Im Kampfkäfig liegen jetzt merkwürdige rote Steine mit gelben Nippeln. Räucherstäbchen glimmen. Ein Kämpfer wühlt mit seinem Fuß nervös die Erde auf. Wann gehen die richtigen Kämpfe los? Doch plötzlich ist die Kampfriege wieder abgetreten und übt jetzt an Barren, klettert auf Holme und biegt die massigen Körper. Körperkult als Gebet.

Frauen schleppen Hooghlywasser aus dem Fluss und gießen es über einen heiligen Stein, der zwischen zwei Bäumen steht: ein schwarzer steinerner Phallus. Jetzt schwingen die Kämpfer hölzerne Keulen, so groß wie ein Bein. Gewichte werden gehoben und noch mehr Räucherstäbchen angezündet. Knaben, nur mit roten Bändern wie die Kämpfer bekleidet, zeigen, was sie schon können. Als die Kämpfe endlich beginnen, sind die Kinder verschwunden. Ich bin der einzige Gast.

Ich rieche den strengen Schweiß der Kämpfer, untermischt mit dem modrigen Duft der Blütenreste, die auf großen Haufen unter der Brücke faulen. Ich werde plötzlich müde. Die Qualmschwaden der Opferfeuer umhüllen mich, das in Nebel gehüllte heilige Morgenwasser des Stroms kann ich nur erahnen. Ich atme tief ein. Es stinkt nach Abgasen, die von den vielen tausend Wagen dort oben auf der Brücke herabwehen. Es dröhnt und grollt wie ein ferner Donner.

Als ich aufwache, brennt mir die Morgensonne auf den Kopf. Mir ist schwindelig. Ich habe vergessen, meinen Hut aufzusetzen. Die drei Kinder, die neben mir sitzen, erzählen mit Gesten und englischen Wortfetzen, dass sie aufgepasst hätten, damit mir nichts geschieht. Jeder hofft auf ein paar Rupien. Eines fragt mich, ob ich krank sei. Ich hätte im Schlaf gekämpft. Ein anderes zeigt mir, wie es mich gesehen hat. Vielleicht übertreibt das Kind.

Geh auf den Markt ...

„... kauf dir ’ne Kuh, Kälbchen dazu.“ Von meiner Mutter habe ich dieses Kleinkinderfingerspiel gelernt. Bei „Geh auf den Markt“ ist sie mit zwei Fingern über die Innenfläche meiner winzigen Hand getrippelt.

„Kauf dir ’ne Kuh“ ist das, was im Dorf im Nordwesten von Bangladesch gerade diskutiert wird.

Ich sitze in einer Runde mit Frauen, die ihre kleinen Kinder auf dem Schoß halten. So überfällt mich die Erinnerung an diese kleine Zärtlichkeit.

„Geh auf den Markt.“ Wenn das so einfach wäre: Was kostet die Kuh? Nicht nur „einen Taler“, wie es im Kinderspiel heißt. Kann ich die Kuh finanzieren? Muss ich Schulden machen? Gibt mir jemand Kredit?

20 Frauen der Santals, einer Bevölkerungsgruppe, die zu den ersten Siedlern in Südasien gehört und heute zu den Ärmsten im Westen von Bangladesch, sitzen im Innenhof auf dem gestampften Lehmboden. Die Männer und älteren Kinder stehen neugierig hinter dem Tor. Junge Mädchen haben eben zu Ehren der Besucher aus Europa getanzt, bei den Santals gehört ein Tanz immer zur Begrüßung dazu. Polizisten, die unsere Fahrt ins Dorf gesichert haben, warten mit Gewehren in der Hand neben ihrem Wagen. Sie sollen

Ausländer schützen, weil vor ein paar Monaten in Dhaka, der Hauptstadt, Mitarbeiter internationaler Textilfirmen ermordet wurden. Für mich ist das alles sehr fremd. Noch nie bin ich unter Polizeischutz gereist und mit Tänzen wurde ich kaum einmal empfangen.

Die Frauen, die hier zusammengekommen sind, arbeiten meist auf den Feldern von Großgrundbesitzern. Eine harte Arbeit für wenig Lohn. Nicht genug, um zu überleben. Sie und ihre Familien werden von einem Projekt des Vereins „Netz Bangladesch" mit Sitz in Wetzlar unterstützt. „Ein Leben lang genug Reis", heißt eines der Programme. In den ersten drei Jahren wird den Familien geholfen gegen Hunger und Unterernährung. Im nächsten Schritt muss die Dorfgemeinschaft mit Unterstützung des Netzwerks nach und nach alle Aktivitäten selbst übernehmen, damit etwas wächst, was aus Zwängen und Abhängigkeiten herausführt. Die Frauen lernen, ohne fremde Hilfe für ihre Familien zu sorgen. Sie brauchen Ausdauer, Geduld und viel Selbstvertrauen. Es sind immer die Frauen, die verantwortlich sind, nicht die Männer, die sich nicht so gut organisieren können, heißt es.

Eine der Frauen erklärt an einer Flipchart, die sie an einen Ast gehängt hat, dem Projektleiter aus Deutschland und dem Chef der örtlichen Hilfsorganisation, was alles getan wurde und was noch organisiert und projektiert werden muss. Selbsthilfe und Selbstbestimmung, das sind die Ziele, die viele Spender aus Deutschland unterstützen. Auch das deutsche Entwicklungshilfeministerium mit 260 Euro je Familie in jeder Projektphase.

Es wird genau überprüft, ob die Frauen gelernt haben, die Hilfsgelder vernünftig zu verwalten. Es geht um Kühe, um Menschen mit Behinderung, um Witwenrenten, Familienförderung, Schulgeld, Gesundheit und um Elektrizität. Wie sollten sonst die Grundwasserpumpen für den Gemüseanbau und die kleinen Guavenplantagen betrieben werden?

Eine Kuh ist gestorben, die Fischzucht bringt zu wenig ein. Diese Familie muss einen Kredit von der Gruppe aufnehmen. Eine neue Kuh kostet 15 000 Taka, das sind 120 Euro. Ist die Dorfgruppe bereit, das Risiko zu tragen und es aus ihrer Gemeinschaftskasse vorzustrecken?

Die reichste Familie hat sechs Kühe. Die ärmste keine.

Da gibt es viel zu bereden.

Eine Kuh, lerne ich, ist meist das Startkapital, das jede Familie aus dem Projekt erhält. Saatgut für den Gemüseanbau ist genauso wichtig. Bekommt die Kuh ein Kälbchen, dann ist die Familie reich. Die Familie, deren Tier stirbt, ist arm. In den ersten drei Jahren wird der Verlust eines Tieres aus dem Spendentopf ersetzt. In den folgenden Jahren aber sollten die Familien das, im Notfall mit Unterstützung der Dorfgruppe, selbst organisieren.

In der Mitte des kleinen Innenhofs steht die Blechkassette mit den Taka, der Währung in Bangladesch, die eingenommen wurden durch den Verkauf von Gemüse, Obst, Kühen und Hühnern. Soll ein größerer Fischteich angelegt werden? An wen könnte man diese Fische verkaufen? Betrügen die Zwischenhändler uns? Wie können wir unsere Produkte selbst vermarkten? Wer kontrolliert den Viehhandel?

Wie viele Ersparnisse muss ich zurücklegen für den Notfall, wie viel fließt in die Gemeinschaftskasse, die mich dann unterstützen wird? Neun Dörfer haben sich zu einem Hilfsprogramm zusammengeschlossen. Sie leihen sich untereinander Geld und garantieren Hilfe in Notfällen.

Es gibt auch Projekte, von denen ich bisher nicht wusste, wie wichtig sie sind. Das scharfe „spicy" Essen hatte meinen Magen durcheinandergebracht, so mache ich mich mitten in der Diskussion auf die Suche nach einer Toilette. Junge Männer zeigen mir ein Loch im Boden hinter einem Strauch. Kein Eimer mit Wasser, um den Hintern abzuwaschen. Papier gibt es hier sowieso nicht. Mit ein paar Blättern geht es auch. Als ich zurückkomme, wird gerade die Toilettenfrage diskutiert. Neben jedem Loch muss ein Eimer mit Wasser stehen und dieses Wasser muss regelmäßig ausgetauscht werden. Bessere Toiletten sind geplant. Die Kindersterblichkeit könnte mit mehr Hygiene verringert werden.

Die meisten Frauen hier sind in der Landwirtschaft beschäftigt. Für wen arbeiten sie? „Für einen Muselmann", sagt eine der Frauen. Die Dorfbewohner sind Christen. In den 50er Jahren des letzten Jahrhunderts missioniert. Ihre alte Verehrung von Göttern, die in Bäumen oder Steinen lebendig sind, spielt aber immer noch mit. Sie gehen sehr bedachtsam mit Pflanzen und Tieren um. Ihre Kinder gehen zur Schule. Manche der Frauen sind auch einmal in eine Schule gegangen, für zwei oder drei Jahre. Ihre Kinder werden acht Jahre und länger eine Schule besuchen. Und dann? Was werden die Kinder tun? In die großen Städte ziehen? Lehrer werden?

Vielleicht Ärztin? Die Kinder träumen davon. Den Eltern ist nicht klar, was sie, wenn ihre Kinder einmal weggezogen sind, verloren haben. Wer macht dann die Arbeit auf den gepachteten Feldern oder auf einem eigenen Stück Land? Wenn die Kinder einmal in den Städten wohnen, werden auch die Enkel dort bleiben.

Der Verein „Netz Bangladesch" hilft. Ich habe mir nicht vorstellen können, wie viel Selbstachtung und Selbstsicherheit in diesen Dörfern für Frauen und ihre Familien zwischen Ganges und Brahmaputra selbst mit wenig Geld entstehen kann.

Später, bei Landlosen, Familien auf einem Uferstück, das dem Staat gehört, erfahre ich, dass auch hier die Hilfe ankommt. Früher hatten sie nur zwei Hühner, jetzt haben sie eine Hütte gebaut, ihnen gehören drei Kühe und „ein Kälbchen dazu". Und die Enten im Tümpel natürlich auch. Seit einem Monat gibt es Strom, der in einer Leitung über den Baumwipfeln zu ihnen kommt. Sie können etwas Zukunft planen. Ein kleiner Zipfel vom Glück.

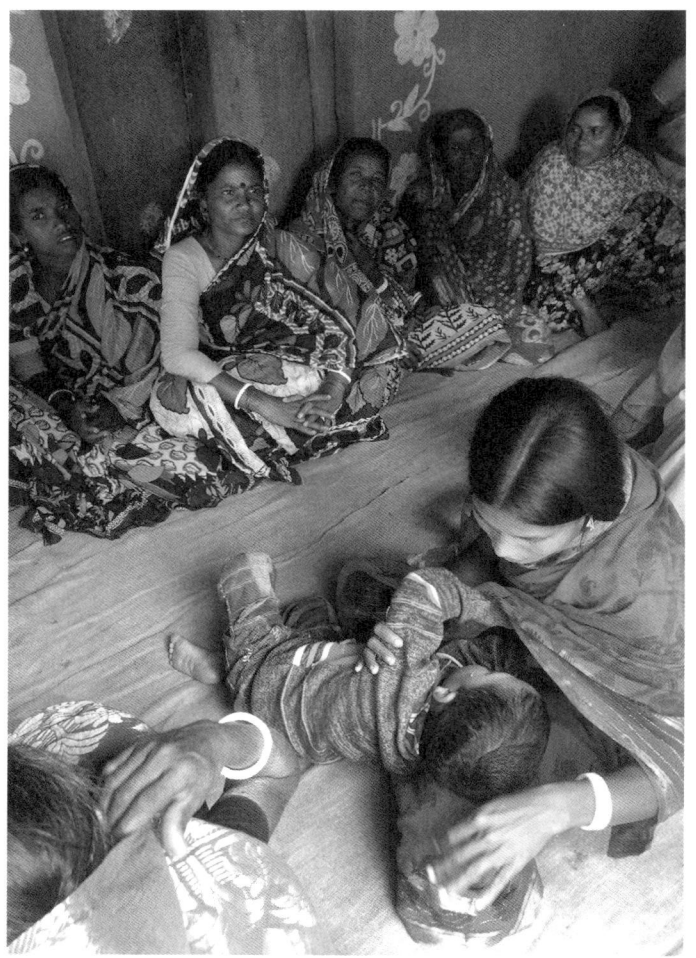

Win-win

Die Einwohner von Rajshahi im Nordwesten von Bangladesch sind stolz auf ihre gute Idee: In ihrer Stadt verkehren nur Rikschas, die mit Strom angetrieben werden. Smog wird vermieden.

Eine umweltfreundliche und saubere Lösung.

Die Elektrorikschas kaufen sie in China.

Um die nötige Elektrizität zu liefern, bauen die freundlichen Chinesen Kohlekraftwerke. Das ist doch ein gutes Geschäft.

Dialog

Ein quadratisches Loch in der Erde mit Zementboden und halbhoch frisch aufgemauerten Ziegelwänden. Der Mann dort unten freut sich, als ich, der Europäer, über den Rand des Lochs neugierig hinuntersehe.

Er ruft herauf: House …

Ich: Lovely …

Er: Yes …

Ich: Wonderful …

Er: (nickt, lacht, ballt seine Hände und streckt sie in die Höhe)

Ich: (winke)

Er: (winkt glücklich lächelnd zurück)

Sein Haus, von dem er gerade das Fundament aufmauert, wird im Grundriss etwa 15 Quadratmeter groß sein. Vielleicht wird es zwei Stockwerke haben und einen Traum erfüllen, den nur wenige Menschen in diesem Dorf am Brahmaputra träumen können.

Blutdruck

„Völlig normal für dein Alter", meint der junge Mann, der mir die Manschette vom Oberarm nimmt. Jetzt will er testen, ob ich Blut im Urin habe. Ich schüttele den Kopf. Das muss nicht sein. Aber mein Gewicht zu überprüfen, das sei, sagt er, unbedingt nötig. Ich stelle mich auf seine Waage. Er sieht nachdenklich auf die Skala und schweigt. Heißt das, ich bin zu schwer? Tatsächlich wiege ich drei Kilo mehr als sonst. Auf sein Tischchen mit Blutdruckapparat und Blechdose für die Urinprobe leere ich alles aus meinen Taschen, was ich zur Sicherheit dicht am Körper mit mir herumschleppe: zwei Geldbeutel mit Münzen und Scheinen in verschiedenen Währungen, den Reisepass und die Flugkarten, das Smartphone, ein Taschenmesser, Schlüssel, ein paar hübsche Schneckenhäuser, die ich irgendwo aufgelesen habe, einen Reiseführer, das Buch, das ich gerade lese und eine Wasserflasche. Der junge Mann staunt. Er braucht meine Dinge nicht.

Er hat, wie an jedem Morgen, seinen kleinen Gesundheitsstand gleich hinter dem Haupteingang zum Bahadur-Shah-Park aufgebaut. Gegenüber liegt der Campus der Universität von Dhaka. Früher hieß dieser umzäunte Platz „Victoria-Park", nach der englischen Königin. Nach dem Ende der britischen Kolonialherrschaft 1947 wurde er umbenannt:

Bahadur Shah war der letzte Mughal-Kaiser und ein berühmter Dichter, der in Urdu schrieb, eine der vielen Sprachen auf dem indischen Subkontinent.

Der junge Mann, der ein paar medizinische Grundkenntnisse besitzt, aber kein Arzt ist, will Menschen, die täglich den Park besuchen, helfen, gesund zu bleiben. Dazu gehören Hygieneregeln und ein Gesundheitscheck. Wichtig wäre auch ein Aidstest, sagt er. Aber das sei zu kompliziert. Aber Blutdruck messen, Urin untersuchen und das Gewicht bestimmen, das sei doch immerhin etwas. Freunde von ihm seien in anderen Parks unterwegs. Freiwillig und kostenlos. Er habe ein ganzes Netzwerk aufgebaut.

Ob das eine erfundene Wahrheit ist oder ein gutes Geschäftsmodell?

Seine Spendenbüchse müsse immer gut gefüllt sein, um den Armen zu helfen, meint er. Ich solle doch an die Kranken in Dhaka denken und von meinem Reichtum etwas abgeben. Der Anfang sei ja schon gemacht. Sein Park habe eine Toilettenanlage. „Wo in Dhaka gibt es so etwas?" Es klingt, als habe er die Toiletten von seinen Spenden bauen lassen.

Im frühen 19. Jahrhundert war der Park im Zentrum von Dhaka umringt von Bürgerhäusern und Tempeln. Reste sind noch zu sehen. Hier spielten die Engländer Billard. Später wurde ein Obelisk errichtet, zu Ehren der Kaiserin von Indien: Victoria. An Märtyrer wird mit einer Skulptur gemahnt, ein Brunnen gehört auch dazu und unter prächtigen Bäumen stehen viele Bänke, die immer besetzt sind: Familien treffen sich hier, Alte, Studenten, Obdachlose und Bettler.

Feste werden gefeiert und morgens kommen Jogger in den Park. „Ein Idyll mitten in der Großstadt", schwärmt der junge Mann. Im gleichen Augenblick stürzt ein riesiges Palmblatt zwischen uns aus den Wipfeln herab. Zum Glück wird niemand verletzt. „Ja", sagt der junge Mann, „du siehst, immer sind wir in Gefahr. Das war ein Zeichen, das deine Götter dir schicken. Gib alles, was du geben kannst. So werden sie dich behüten."

Als ich ihn frage, wovon er lebe, sagt er nur, er brauche nicht viel. Essen brächten ihm dankbare Mitbürger. Eine Schlafstelle reiche ihm aus. Er wolle die Welt zum Besseren verändern. Das sei doch, wenn auch ich ihm helfen wolle, ganz einfach.

Jetzt hat sich ein alter Mann mit Wundschorf auf die Waage gestellt. Er ist sehr mager und kann sich nur mühsam auf den Beinen halten. Nun sitzt er schwer atmend auf einem Hocker. Der junge Mann reibt ihn mit Salbe ein. Der Alte jammert. Dann lässt wohl der Schmerz nach. Er lacht und kichert. Dann steht er auf und legt sich hinter einem Strauch zum Schlafen zurecht. Eine Frau steckt Geld in die Sammelbüchse und geht rasch durchs Tor auf die Straße. „Das macht sie immer", sagt der junge Mann. „Jeden Tag. Wenn ich mich auf nichts verlassen kann, auf sie schon."

Zwei Stunden habe ich dann neben ihm im Schatten der Palmen gesessen und mir seine Lebensgeschichte angehört. Über seine Kindheit und seinen Traum, Arzt zu werden. Leider habe das irgendwie nicht geklappt. Über seine Frau, die ihn verlassen hat und seine kleinen Kinder, die ihn kaum noch kennen, über seinen Einsatz als freiwilliger Gesundheitshelfer, einen Beruf, der ihm täglich mehr Freude mache. Die Spendenkasse sei natürlich besonders wichtig, weil er die teuren Salben und Tabletten in seiner Medizinkiste davon kaufe. „Manchmal", sagt er so nebenbei, „muss ich mir auch etwas Geld ausleihen. Das wirst du doch verstehen. Eigentlich brauche ich ja nichts. Sicher werde ich alles zurückzahlen, vielleicht schon bald. Wenn du mir hilfst."

Goldene Sessel

Auf dem Mittelstreifen zwischen zwei Fahrbahnen stehen sie:

pompöse handgeschnitzte Ungetüme mit wuchtig aufgepolsterten Sitzflächen und breiten, mit glitzernden Kupfernägeln verzierten Lehnen. Wer auf solch einem Thron sitzt, muss sich fürstlich fühlen, wie ein Nabob oder Maharadscha. Junge Männer liegen im Schatten hinter den Lehnen und langweilen sich. Es sind die Verkäufer. Ob sie bei so viel Lässigkeit heute einen der Sessel oder ein Sofa an den Mann bringen?

Die Sessel werden gerade hier angeboten, weil viele Bangladeschi, Inder und andere Ausländer das Nationalmuseum in Dhaka besuchen, das gleich gegenüber in einem kleinen Park liegt. In diesem Museum werden prunkvolle historische Möbel der Herrscherdynastien des Landes ausgestellt. Die Händler haben sich wohl gedacht, dass ein wohlhabender Museumsbesucher, denn nur der kann sich den Eintritt leisten, eine Garnitur goldener Möbel gern in sein Wohnzimmer stellt. Heute ist das Museum geschlossen, doch es könnte ja ein Käufer vorbeikommen.

Eben haben sich ein paar Straßenjungen auf einen der Sessel gesetzt. Erst sitzen sie stolz da, das Kinn erhoben, die

Hände auf die Lehnen gestützt, die Beine baumeln hinab. Jetzt hüpfen sie auf den Polstern. Das macht Spaß. Die Verkäufer rufen ihnen etwas zu. Das kümmert sie nicht. Endlich steht einer der jungen Männer auf. Gemächlich. Die Jungen sitzen inzwischen auf den Lehnen und wischen sich ihre nackten schmutzigen Füße auf den goldenen Bezügen ab. Gleich darauf sind sie lachend zwischen den Autos über die Fahrbahn verschwunden.

Der Verkäufer klopft etwas verärgert die Polster ab. Jetzt sehe ich, als ich näher herangehe, dass diese Sessel wohl oft schon als Spielplatz benutzt worden sind. Staub hat sich, wie ein grauer Schleier, auf die edlen Brokatstoffe gesetzt. Ecken der Lehnen sind abgewetzt, Teile der Verzierungen gebrochen und Fransen fehlen. Was aus der Ferne so kostbar aussah, ist nur ein verschmutztes Etwas. Als die Verkäufer sehen, dass ein Ausländer ihre Sessel betrachtet, sind sie gleich mit einer kleinen Verbeugung bereit, mir die Vorzüge dieser wunderbar harmonisch geformten, kostbaren Sitzmöbel zu demonstrieren: hohe Elastizität der Stoffe, extreme Haltbarkeit und eine vorzügliche Federung mit handgefertigten Spanngurten. Versendet werden die Garnituren zusammen mit kostenlosen edlen Beistelltischchen in alle Welt per Fracht im Schiff oder mit dem Flugzeug, ganz nach Wahl. Heute bestellt, morgen geliefert. „Wenn Sie wieder zu Hause sind, werden Sie sich in Ihrem Heim wie ein Maharadscha fühlen." Natürlich kann dazu auch ein kostbarer Teppich erworben werden, echt venezianische Kristallüster, in Bangladesch gefertigt, oder 20 Paradekissen.

Wie einzigartig fremd solch ein Verkaufsgespräch auf einem Mittelstreifen zwischen Lastwagen, Bussen und Taxis mitten in einer ohrenbetäubenden Sinfonie aus Huptönen und stinkenden Abgasschwaden ist! Die goldenen Sessel wurden extra für mich angefertigt, will der Verkäufer mir einreden, für mich, um mich für immer glücklich zu machen ...

Längst haben sich die kleinen Straßenjungen wieder angeschlichen und führen auf den Polstern hinter den Rücken der Verkäufer Hüpfspiele auf. Wer kann in drei Sprüngen fünf Sessel berühren? Lange werden das die Möbel nicht mitmachen. Zwei sind schon umgekippt, andere drohen zu zerbrechen.

Die Verkäufer haben endlich bemerkt, was sich hinter ihnen abspielt. Sie schreien, drohen mit ausgebreiteten Armen und verjagen die fröhlich lachenden Kinder.

Ich nutze die Gelegenheit und verschwinde so schnell wie möglich in die grünen Gärten neben dem Museum. Später komme ich noch einmal zurück an den Straßenrand, weil ich neugierig bin und sehen möchte, was sich getan hat. Nichts. Die goldenen Sessel stehen wohlgeordnet auf dem Mittelstreifen, die Verkäufer liegen im Schatten hinter den Lehnen und schlafen. Das ist ein schönes friedliches Bild.

Die Liebesinsel

Auf allen Bänken zwischen den Büschen sitzen junge Pärchen. Das sieht lustig aus, wie für eine komische Oper inszeniert. Die Mädchen tragen Kopftücher, haben sich aber mit farbigen Blusen und langen luftigen Röcken hübsch gemacht. Die jungen Männer sind gekleidet, als wären schwarze Lederjacken oder verschlissene Jeans immer noch „in", und Mützen mit Schildkappen der letzte Schrei. Alle jungen Paare sitzen auf Abstand. Eine Anstandslücke bleibt. Welche Zärtlichkeiten sind erlaubt? Keiner hält die Hand des anderen oder lässt sich am Rücken berühren. Oder doch? Da hinten vielleicht, wo es keiner sieht.

Der Garten, der für meine Augen so außergewöhnlich schön nicht ist, muss in ihren Augen ein Paradies sein, eine kleine Flucht aus dem Alltag in einen öffentlichen ummauerten Raum, der, weil jeder Eintritt bezahlen muss, sie vor neugierigen Augen schützt. Wäre hier ein kleiner Kuss erlaubt? Manche Paare gehen über die von Rabatten eingerahmten Wege, um eine freie Bank zu suchen oder aus der Sonne in den Schatten zu wechseln.

Wie schön so ein leichtes Tuch beim Gang über den Kiesweg zu schweben scheint. Jeder Schritt lässt das lange Kleid schwingen. Eine junge Frau hat sich gerade erlaubt, ihr Kopftuch abzunehmen, um es neu zu binden. Sie geht gerade aufgerichtet, das Haar schwarz glänzend, mit erhobenen Armen ein paar Schritte. Eine Provokation, die sofort von allen anderen bemerkt wird. Eine tut es ihr nach. Schon aber sind die Haare der beiden Mädchen wieder verhüllt, weil ältere Frauen sie streng mit Blicken zurechtgewiesen haben.

Manche der jungen Frauen sind voll verschleiert. Nur ihre nackten Füße in hübschen bunten Sandalen zeigen ihr Alter. Gerade diese schwarz verhüllten Gestalten zwischen blühenden Büschen und vor den kostbaren Intarsien der Mausoleen erzählen in ihrer Körpersprache faszinierende fantastische Geschichten.

Die Verhüllung scheint den Gang leicht zu machen, die Bewegung der Arme gelassener und freier. Als könnte eine Verhüllung das Besondere einer Frau deutlicher zeigen. Diese Frauen schreiten, scheint mir, sie gehen nicht nur. Selbst ihre Stimmen hinter den schwarzen Tüchern, die ihr Gesicht verhüllen, klingen wacher und selbstbewusster als das Gekicher der Mädchen, die mit ihren Kopftüchern spielen, sie zurückschieben und wieder in die Stirn rücken. Aber was verstehe ich schon von der Körpersprache der Liebespaare im Lalbagh Fort in Dhaka. Ich müsste sie viele Wochen studieren und wüsste noch immer nichts.

Als ich Freunde aus Bangladesch frage, ob sie mir helfen könnten, ein wenig mehr über diese jungen Frauen zu lernen und ihre Bewegungen unter den Schleiern zu lesen, haben sie nur verschämt die Köpfe geschüttelt und geschwiegen.

Beweis

Das letzte Foto am Abend:
    ein weiß gekalktes Gitter und ein Riss im Vorhang.
    Ob Kalk mit Eisenvitriol gegen Seuchen hilft?
Das erste Foto am Morgen:
    tote Ratte im Rinnstein.
    Es hilft.

Kann ich sie dalassen …

… frage ich, als ich beim Wasserflaschenverkäufer an der Ecke frisches „bottled water" kaufe.

„Natürlich", sagt der Händler und lacht.

Er greift meine leere Flasche mit Daumen und Zeigefinger und wirft sie rasch zu anderem Abfall in den Rinnstein. Er lächelt sehr freundlich. Er möchte mich gerne als Kunden behalten.

„Abfallentsorgung in Bangladesch", denke ich. „Was für Müllberge müssen hier entstehen!"

Später begegnen mir in der Dämmerung Männer, die alles, was aus Kunststoff ist, auflesen und in riesigen weißlich grauen Plastiksäcken, die sie auf ihren Rücken schleppen, verstauen. Sie schleifen ihre Beute, denn die Säcke sind oft prall gefüllt, bis zum Hafen. Dort wird der Plastikmüll gepresst, geschrotet, auf Planen getrocknet und verladen. Auch Frauen werden in diesem Beruf akzeptiert. Ein Geschäft – auch wenn es am Tag nur wenige Rupien bringt, es reicht für eine Handvoll Reis.

Kein Wunder

Der kleine, immer fröhliche Händler in der Elephant Road tapeziert jeden Morgen „The Daily Star" neben seinem Getränkestand an die Hauswand. Das ist die englischsprachige Tageszeitung aus Bangladesch, die Zeitung mit der höchsten Auflage.

Andere Blätter auf Bengali klebt er in einer langen Galerie darunter.

Wer Englisch versteht, sieht hinauf, wer Bengali liest, hinunter.

Das koste ihn täglich ein paar Taka, meint er, den Leim aber müsse er nicht bezahlen. Den habe er sich aus Knochen vom Metzger nebenan selbst zusammengekocht. Der Pinsel ist der Schwanz seines Esels, der leider „am Alter" gestorben sei. Er habe den Haarbüschel für diesen Zweck etwas zurechtgestutzt.

Kein Wunder, dass sein Umsatz steigt.

Als ich ihn frage, wie er auf diese tolle Idee gekommen sei, meint er nur: Macht ihr das nicht so?

No Helmet, no Petrol

„Motorradfahrer ohne Helm, die tanken wollen,
bekommen kein Benzin."

Glückliche Reise

Der Rikschafahrer gibt mir einen Tipp: Du musst nicht erst zum Busbahnhof. Das wäre ein Umweg. Ein Bus nach Sonargaon, der „Goldenen Stadt", fährt auch von hier ab, gleich hinter dem Nationalstadion. So bist du viel schneller da.

Der Mann an der Rezeption des Hotels, bei dem ich noch nachfrage, bestätigt dies. Mit einer kleinen Änderung: Die Haltestelle sei nicht „gleich dort hinten". Sie liege weiter die Straße hinauf. Ja, ein Bus-Stopp-Schild gäbe es. Wahrscheinlich. Einen Fahrplan, nein, das nicht, aber so gegen acht Uhr fahre normalerweise ein Bus nach Sonargaon. Da sei er sich ganz sicher.

Ich überquere am nächsten Morgen den Platz beim Stadion, biege ein und biege ab, wie es mir beschrieben wurde. Ich sehe nichts, was auf eine Bushaltestelle hinweist. Ich kann die Signale, woran ein Bus-Stopp in Dhaka zu erkennen ist, nicht lesen. Eine lange Mauer steht da, mit Plakaten beklebt, davor zerbrochene Gehwegplatten und ein paar vertrocknete Sträucher. Und ein paar weiße Streifen auf der Fahrbahn. Hält hier der Bus? Ich frage einen alten, etwas schwerhörigen Mann am Straßenrand. Er sagt: Nach Sonargaon willst du? Warum? Vielleicht ist er noch nie verreist. Ich spreche einen jungen Mann an, der gerade mit Früchten in Körben vorübergeht. Er bleibt stehen. Ich sage ihm, welchen Bus ich in welche Richtung suche. Er bittet mich ihm zu folgen. So schnell wie er geht kann ich nicht mitlaufen. Er geht deshalb langsamer und hat es nicht mehr eilig. Von der Straße, in der mein Bus halten sollte, biegt er ab und führt mich mindestens einen Kilometer an Zäunen entlang, über Ampeln hinweg und an Schlafgruppen vorbei, die unter Tüchern auf dem Gehweg liegen. Dann geht es weiter durch einen kleinen Park bis zu einer Kreuzung. Hier weiß der junge Mann nicht weiter. Unschlüssig bleibt er stehen und blickt sich suchend um. Das sehen Passanten, sie kommen näher und fragen, ob sie helfen könnten. Es wird hin und her diskutiert auf Bengali, was ich nicht verstehe. Endlich winkt mich ein Mann mit Aktentasche neben sich und geht mit mir die Straße hinab zu einer anderen Kreuzung. Hier stehen Busse. Ich freue mich, aber keiner fährt nach Sonargaon. Doch, meint ein Busfahrrer, ich könne ja umsteigen. Ich solle mich nur auf die Vorderbank neben ihn setzen. Er sage mir, wo ich aussteigen müsse.

Nach einer knappen halben Stunde kreuzen sich zwei Schnellstraßen. Ich steige aus. Auch hier warten Menschen. Aber niemand weiß, welcher Bus nach Sonargaon fahren könnte, das liege ja irgendwo dahinten. Ein Rikschafahrer, den sie heranwinken, meint, er könne mich gerne zur „Goldenen Stadt" fahren, aber er habe seiner Mutter versprochen, sie zum Arzt zu bringen. Ich solle aber einsteigen, er setze mich beim Taxistand ab. Eigentlich wollte ich ja mit einem Bus fahren, da aber alle so hilfsbereit und freundlich sind, möchte ich niemand enttäuschen. Später sitze ich in einem Sammeltaxi nach Sonargaon, das leider aber erst abfuhr, nachdem alle Plätze besetzt waren. Und das hat gedauert. Jetzt, am Nachmittag, bin ich endlich am Ziel. Das Museum schließt gleich. Aber was macht's. Es war eine ungewöhnlich glückliche Reise. Viele Bangladeschi habe ich kennengelernt und gute Gespräche geführt.

Jetzt erkundige ich mich vorsichtshalber erst einmal, wann heute noch ein Bus nach Dhaka zurückfährt. Da lachen die Händler am Straßenrand: noch bis Mitternacht, sagen sie. Busse fahren alle zehn Minuten. In einer Dreiviertelstunde bist du da.

Das geht zu weit

Auf der Ladefläche des Lastwagens, der mit seinen aufgeschraubten Holzbänken an der Küste bei Dawei im Süden von Myanmar von Dorf zu Dorf fährt, hocken Junge und Alte dicht gedrängt nebeneinander. Wir alle werden auf der kaum befestigten Straße heftig durchgeschüttelt. Manche Frauen haben auf ihren Bänken bunte Regenschirme gegen die gleißende Sonne aufgespannt, die sich im Fahrtwind biegen. Die Männer sitzen gelangweilt und stumm nebeneinander und versuchen, sich so wenig wie möglich zu berühren. Die Frauen halten sich lachend aneinander fest und reden mit lebhaften Gesten und Blicken. Ihre Füße haben sie möglichst weit unter der Sitzbank zurückgesetzt, die Männer strecken ihre Beine aus. Das ist wie überall auf der Welt. Noch sind es ein paar Stunden bis irgendwohin, ich weiß nicht, wo ich heute übernachten werde.

Mir gegenüber sitzt ein hübsches junges Mädchen, noch ein halbes Kind, eingequetscht zwischen zwei älteren Frauen mit Tragkörben, die sich lebhaft unterhalten. Das Mädchen sieht scheu zu mir herüber, lächelt dann und wundert sich vielleicht über den Fremden, der auf der Männerbank Platz für zwei braucht, da er nicht so schlank und zart ist wie die meisten Einheimischen. Die Bauern und Kleinhändler,

Marktfrauen und Kinder sind nicht gewohnt, dass ein Ausländer zwischen ihnen mitfährt: Ausländer gelten als reich, sie reisen mit Flugzeugen oder in Bussen mit Klimaanlage und müssen, kaum, dass sie angekommen sind, dringend schon wieder weiter. Der gehört nicht zwischen uns, denkt mancher, er soll nicht so tun, als gehöre er dazu.

Das Mädchen, bald ist sie eine junge Frau, lehnt sich ein wenig vor und fragt mich plötzlich in gutem Englisch, wohin ich unterwegs sei. Sofort verstummt die fröhliche Unterhaltung zwischen den Frauen. Bevor ich antworten kann, gibt es ein Gekeife. Die meisten Frauen halten es für ungehörig, dass ein junges Mädchen einen fremden Mann anspricht. Sie stoßen das Mädchen mit den Schultern und eine der Frauen entschuldigt sich bei mir für dieses unerhört vorlaute Geschöpf. „Wir stopfen dem Mädchen den Mund", sagt eine Alte in gebrochenem Englisch und will auch noch, dass ich das gut finde.

Die Wangen des Mädchens, das fällt mir jetzt erst auf, sind nicht mit der gelb-weißlichen Thanaka-Paste gefärbt, wie das in Myanmar üblich ist. Die anderen Frauen und Kinder haben sich mit Thanaka geschmückt. Die fein geriebene Rinde des Holzapfelbaums soll gegen UV-Strahlen schützen und bei Älteren das Gesicht jugendlich wirken lassen.

Vielleicht denkt das Mädchen: Ich habe das nicht nötig.

Vielleicht ist das eine Make-up-Rebellion gegen die Alten.

Vielleicht gehört sie zu den jungen Frauen, die sich nicht anpassen wollen und Fragen stellen, die bisher für eine Frau nicht erlaubt waren.

Jetzt steht sie auf. Sie muss aussteigen.

Die Frauen ziehen sie am Rock und eine schlägt ihr auf den Rücken. Das geht endgültig zu weit. Ich will sie schützen, wehre die Frauen ab und steige mit ihr aus. Aber irgendwie mache ich alles falsch. Das Mädchen stößt mich zurück, als wollte ich sie belästigen. Auf dem Wagen wird das mit höhnischem Jubel kommentiert. Zwei Frauen fuchteln mit ihren Händen vor meinem Gesicht, als wollten sie mich abwehren, verjagen, zumindest zeigen, dass ich hier nicht erwünscht bin. Ich drehe mich schließlich um und gehe. Der Lastwagen ist längst weitergefahren. Als ich noch einmal zurückschaue, sehe ich: Das Mädchen steht in einem Pulk von Frauen, die auf sie einreden. Sie sieht erschöpft aus. Sie sieht nicht zu mir herüber.

Auf einer schmalen Treppe

Im Schatten strahlend weiß gekalkter Wände sitze ich. Erschöpft. Es ist am Mittag sehr heiß und laut in den Straßen von Rangun. Hier, zwischen zwei Mauern in der Nähe des Hafens, ist es kühler, leiser, fast friedlich. Zwei winzige rosa Ratten strecken ihre hübschen Köpfchen aus einem Loch dort unten am Ende der Stufen, auf denen ich sitze. Sofort verschwinden sie wieder. War ich zu laut? Das sind die Kinder von Rattenpärchen, die vom Rangun-River heraufgezogen sind und dieses Viertel erobern.

Die frisch aufgetragene weiße Farbe blättert von den Wänden. So feucht ist es hier. Ein Blau-Rot-Gelb blitzt auf und leuchtet frech unter der Tünche hervor. Die paar Schriftzeichen kann ich nicht entziffern. Die Plakatreste wirken wie eine Decollage von Wolf Vostell. Vielleicht hat das etwas mit Politik zu tun. Ich glaube, Aung San Suu Kyi unter den überstrichenen Fetzenbildern zu erkennen.

Eine junge Frau geht vorüber. Sie nickt mir zu. Ich grüße zurück.

Es wird auf dieser schmalen steilen Treppe zwischen den Häusern heiß und schwül. Ich könnte jeden Augenblick einschlafen. Die Beine habe ich schon ausgestreckt, sie schlummern, nur der Oberkörper hält sich noch aufrecht.

Jetzt geht ein junger Mann mit einem senfgelben Sonnenschirm vorbei. Er nickt mir zu. Ich nicke zurück.

Kinder sehen aus dem siebenstöckigen Haus gegenüber von einem Balkon zu mir herunter. Sie winken mir zu. Ich winke zurück.

Diese kleine Schlucht in der großen Stadt habe ich mir ausgesucht, um für wenige Augenblicke allein zu sein. Aber jeder sieht mich. Ich müsste, wenn ich hier leben wollte, mit dem Gefühl, ständig beobachtet zu werden, leben können. Könnte ich das?

Als ich nach kurzem Schlaf aufwache, sitzen zwei Männer neben mir auf den Stufen. Sie sagen lachend, ich sei ein leichtsinniger verrückter Vogel. Was hätte passieren können? Sie reden von Raub und Totschlag. Aber es sei ja alles gutgegangen, sie hätten meinen Schlaf bewacht, viele Stunden lang, denn ich sei ein guter Schläfer. Ein paar Kyat, die ich ihnen anbiete, wollen sie nicht nehmen. Sie seien doch keine Bettler. Das verstünden Fremde nie: hier hilft jeder jedem. Der eine war ein Obsthändler, der andere ein Rechtsanwalt. Beide wünschen mir eine gute Reise.

Sitzen und sehen

Mir gegenüber das chinesische Restaurant „Hongkong", links ein Coffeeshop mit „Handicrafts": Tanzmasken und hübschen aus Drahtresten geflochtenen Taschen in Gelb und Grün mit kupfernen Henkeln. Das Hotel „Vips" zur Rechten mit einer Tadsch-Drogerie neben dem Eingang mit Vibratoren aus „natürlichem Material", das sich „wie echte Haut anfühlt", inklusive Gleitmittel und Pflegepuder. Darüber sind Pianos zu vermieten. Dort hinten arbeitet ein Damenschneider. Zwischen den Geschäften und Getränkeständen Geldwechsler, die aber kaum Geschäfte machen. Die Männer hinter den Schaltern hängen nur müde auf ihren Stühlen. Es gibt zu viele von ihnen. „Wer nichts gelernt hat, der wird Geldwechsler", sagt der bullige Hühnerhacker, der, wie er mir erzählt, von seinem Vater gelernt hat, die Tiere rasch und präzise auseinanderzuschlagen. Noch weiter rechts werden Plastiksandalen angeboten: billig, billig, billig. Hinter mir der „Leather-Club" mit allem, was aus Leder gefertigt wird. Auch Leder aus Kuhhaut wird verkauft. Ein verruchtes Geschäft. Auf den Stufen vor dem Lederladen sitze ich eine Weile geschützt in einer Ecke, die von den meisten Passanten gemieden wird. Wer will schon mit gegerbten Häuten von Kühen zu tun haben. Das ist nur etwas für Parias, unterste

Kaste, Ausgestoßene. Die Hühner in engen Käfigen zerbeißen sich gegenseitig die Köpfe. Der Hund voller Räude mit schorfigen Wunden ist verletzt. Eine Rikscha wird ihn angefahren haben. Dazwischen der Strom der Menschen. Die Glücklichen schlafen auf Tüchern und Lappen auf den Stufen des Tempels. Andere kochen Tee, backen Brot auf kleinen Feuern, rasieren sich gegenseitig, frisieren sich. Der da laust seine Kinder. Andere pumpen Wasser, tragen etwas davon, tratschen, streiten, heben Körbe auf Köpfe und raffen ihre Röcke vor Müllhaufen, die im Weg liegen. In Abfallbeeten kramen Frauen mit Drahtharken oder Stöcken nach Eßbarem und Metall oder Plastik. Rabenkrähen holen sich ihren Teil, Ratten mit aufgedunsenen Bäuchen, Asseln, Spinnen. Schleim, der aus Körben quillt, neben Fischschneidern und Breikochern.

Eine winzige Bewegung des Kopfes: neue Bilder, Gerüche, Töne. Was speichert sich ab in meinem Kopf, wird mich durch Träume jagen, sich mit anderen Bildern mischen, mir Angst machen? Warum sitze ich hier und, wie meine Schwester fragte: „Warum tust du dir das an?" Nicht ich tue mir das an, es tut sich mir an, ohne mich zu fragen oder mich irgendwie zu beachten oder einzubeziehen. Ich sehe nur, höre und rieche, fühle und schmecke, was da an Lebensstrom vorüberfließt. Ich bin für eine Zeitspanne ein Teil der Flut, die einreißt, wegspült, ertränkt und nur weniges weiterträgt und irgendwo anlanden lässt. Ich sehe zu, kann nicht eingreifen, weil alles über mich herfällt und mich erdrückt, erschlägt. Immer wieder muss ich vor Bildern fliehen. Um mich zu schützen, flüchte ich in Nischen, schließe die Augen,

verstopfe die Ohren, um nicht herausgesogen zu werden, mit-
gerissen von dieser Flut, der ich nicht widerstehen könnte.

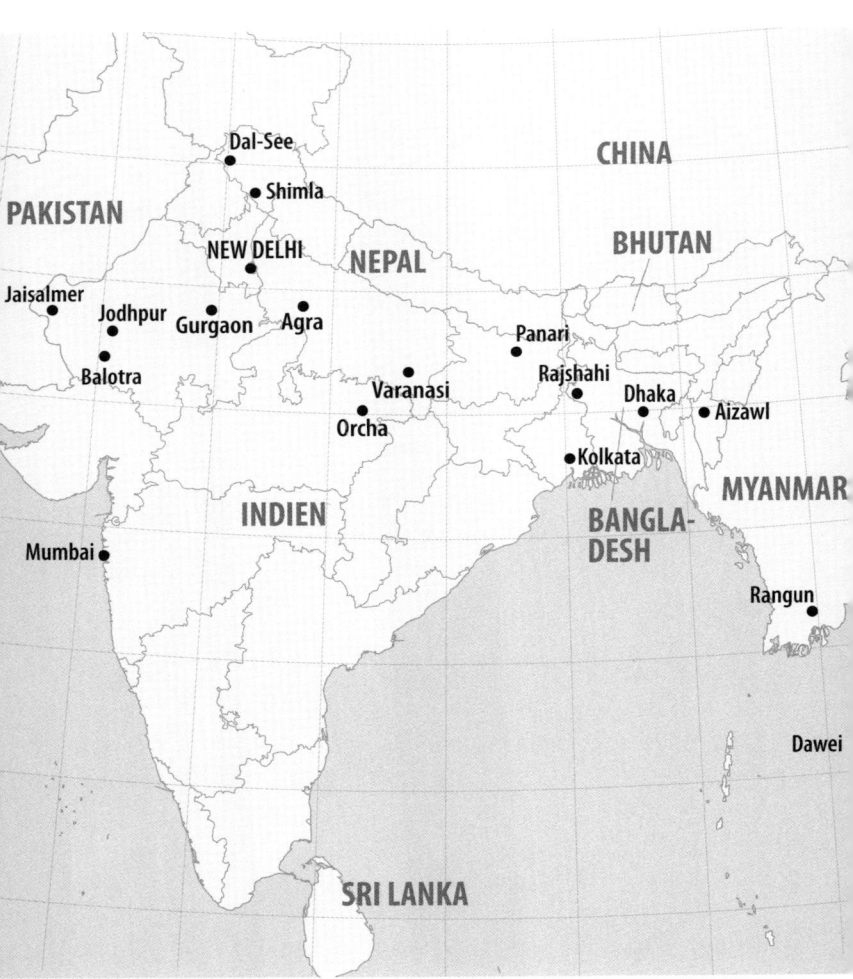

Für eine kritische Durchsicht, Rat und Hilfe danke ich:

Anke Kornmüller
Peter Dietzel
Achim du Mesnil
Margit und Klaus Simon

Gestaltung und Herstellung
Die Qualitaner GmbH, Düsseldorf

Georg Felsberg, Karlsruhe
www.georg-felsberg.de.rs

1. Auflage Juni 2017

Verlag:
Die Qualitaner
www.qualitaner.de